EXTRA DRY

Sabine Hans

EXTRA DRY

Die neue Lust am Trocknen und Dörren

KOSMOS

INHALT

VORWORT

Haben Sie Lust auf Erdbeerpulver?
Sommergereifte Früchte, selbst getrocknet und zu feinen Körnchen gemahlen schmecken köstlich über ofenwarmem, weichem Ziegenkäse auf Salat.

Sie können auch den Sommer mit feinen Fruchtmatten verlängern. In Würfel geschnitten liefern sie die besten Bonbons für Ihre Kinder. Oder sie ummanteln und würzen herzhafte Scampi.
Getrocknete Lebensmittel verführen mit unendlichen Gaumenfreuden, sind gesund, nahrhaft, natürlich und geben Ihren Gerichten den perfekten Flavour.

Seit Jahrtausenden bedienen sich Menschen der Kraft von Sonne und Wind, um Lebensmittel haltbar zu machen. Sie trocknen Obst, Gemüse, Fleisch, Fisch, Pilze und Kräuter, bereiten köstliche Gerichte damit zu, ohne jegliche chemischen Zusätze. Wie wunderbar, dass die traditionelle Konservierungsmethode ein Comeback erlebt.

Dieses Buch will Sie inspirieren und möchte Sie dazu verführen, selber zu trocknen. Nicht nur der Geschmack von Obst und Gemüse wird durch das Entziehen des Wassers hoch konzentriert. Wenn Ananas auf Ihrer Heizung oder Erdbeeren im Wintergarten ausliegen, verteilt sich beim Trocknen ein herrlich fruchtiger Duft, ein Hochgenuss für die Sinne.

Laden Sie Ihre Freunde zum Rote-Bete-Chips knabbern ein, verschenken Sie selbst kreierte Kräutermischungen, wie ein Limonen-Chili-Salz oder Orangen-Thymian-Zucker. Die hocharomatischen Küchenschätze sind auch ein begehrtes Mitbringsel.

Grenzenlos sind die Möglichkeiten, Getrocknetes zu genießen. Selbst Milch lässt sich trocknen. Die Chinesen praktizieren dies seit Jahrhunderten. Die Haut von Sojamilch wird mit einem Sieb abgenommen, in dünnen Schichten getrocknet, um dann darin eingewickeltes Gemüse zu frittieren.

Meinen ersten Versuch sehen Sie auf dem Foto. Zum Einwickeln ist sie zwar ungeeignet, aber kross getrocknet schmeckt die aromatisierte Milch am Stück ganz köstlich.

Sabine Hans

TROCKNEN & DÖRREN

Eine der ältesten und einfachsten Methoden, Lebensmittel zu konservieren, ist, ihnen Wasser zu entziehen. Für Bakterien und Schimmelpilze eine tödliche Entziehungskur, denn damit fehlt ihnen die Lebensgrundlage. Trocknen und Dörren schützt Obst und Gemüse (die zum größten Teil, zu 80–90 %, aus Wasser bestehen), aber auch Fleisch oder Fisch vor dem Verderben und macht sie – ganz ohne Konservierungsstoffe – lange haltbar. Und das Ergebnis: gesunde und geschmacklich konzentrierte Nahrungsmittel, die noch alle wertvollen Nähr- und Mineralstoffe enthalten.

Wer selber trocknet, kann neben den bekannten Sorten, die es auch zu kaufen gibt, wie z.B. Feigen, Datteln, Pflaumen, Pilze, Rosinen, Tomaten, auch mit Neuem experimentieren und Erdbeeren, Melonen, Sellerie, Rote Bete, Porree, Meerrettich, Steckrübe und vieles andere mehr auf den Trockenrahmen legen.

Trocknen und Dörren werden meist synonym verwendet, wobei man genauer als Trocknen die schonende Methode bezeichnet, bei der ohne technische Hilfsmittel, allein durch Luft und Wärme haltbar gemacht wird. Von Dörren spricht man, wenn Backofen oder Dörrapparat zum Einsatz kommen.

Die Vorzüge des Trocknens

Vergleicht man das Trocknen mit anderen Konservierungsmethoden, wie Tiefkühlen oder Einkochen, so lassen sich einige Vorteile festmachen:

- In getrocknetem Zustand sind die Nahrungsmittel sehr leichtgewichtig, da ihr Volumen durch den Wasserentzug deutlich reduziert wird.
- Die Vorräte lassen sich einfach und platzsparend lagern.
- Die Kosten sind gering, wenn man zum Trocknen die Sonne oder im Winter den Heizkörper nutzt.
- Man hat stets die individuell benötigten Mengen zur Verfügung, es gibt keine Reste, die verderben können, wie das z.B. häufig bei angebrochenen Gläsern oder Dosen der Fall ist.
- Vitamine und Mineralstoffe bleiben bei schonendem Trocknen weitgehendst erhalten (außer Vitamin C), Nährwert und Geschmack sind besonders konzentriert.
- Selbst getrocknetes Obst und Gemüse ist frei von Konservierungsstoffen!
- Trockenobst- und Gemüse ist – klein, leicht und nährstoffreich – ein idealer Snack für unterwegs, vor allem auf Wanderungen.
- Vor der Weiterverwendung Obst, Gemüse und Pilze in kaltem oder lauwarmem Wasser einweichen und quellen lassen. Das Einweichwasser kann bei vielen Rezepten mitverwendet werden.

__1__ Im Herbst und Winter sind Heizkörper die ideale Wärmequelle für schonendes Trocknen.
__2__ Auf backofenbreit zugeschnittenen Holzstäben, die man in den seitlichen Schienen befestigt, lassen sich Obst- und Gemüsescheiben trocknen.
__3__ Die klassische Methode: auf Trockenrahmen an der Luft trocknen.
__4__ Die dünne Zucchinifläche läst sich mit einem Bügeleisen schnell herstellen.
__5__ und __6__ In Dörrgeräten wird auf übereinandergestapelten Sieben getrocknet.

Luftgetrocknet: besonders schonend

Die klassische und einfachste Methode ist das Trocknen an der Luft, durch Wind und Sonne. Pralle Sonnenbestrahlung sollte man dabei allerdings vermeiden, da Geschmack und Farbe der Früchte leiden. Ideal sind konstante Temperaturen um 40 °C. Nachts sollte man das Trockengut keinesfalls im Freien lassen, da die Luftfeuchtigkeit zu hoch ist.

Allerdings kann man in unseren Breiten selten mit so optimalen, konstanten Lufttemperaturen rechnen. Deshalb lohnt es sich, die Stauwärme in Innenräumen zu nutzen – große Südfensterfronten oder Wintergärten bieten sich hierzu an. Und vor allem ein luftiger Dachboden – quasi ein XXL-Trockenschrank – ist ein idealer Ort.

Trocknen auf der Heizung

Klingt der Sommer aus, sind die Heizkörper oder ein Ofen zum Trocknen ideal. Dörrrahmen, der Größe der Wärmequelle angepasst, können einzeln oder übereinandergestapelt auf die Heizung gelegt oder bei schmalen Heizkörpern gehängt werden. Die aufsteigende, sehr trockene Wärme ist mit Temperaturen von durchschnittlich 30–40 °C optimal und trocknet gleichmäßig. Ein schöner Nebeneffekt: Aromatischer Duft erfüllt den Raum. Probieren Sie es einmal mit Scheiben von Ananas, Birnen oder Melonen aus.

Dörren im Backofen

Ein Backofen ist in jedem Haushalt vorhanden, jederzeit einsatzbereit und die Temperatur kann exakt eingestellt werden. Trocknen Sie mit Umluft, das geht am schnellsten. Die Backofentüre sollte dabei einen kleinen Spalt geöffnet sein (am besten einen Kochlöffel dazwischenklemmen), damit die Feuchtigkeit abziehen kann. Kleine Mengen kann man zum Trocknen auf eine Backmatte oder auf Backpapier verteilen und auf Blechen oder Gittern in den Ofen schieben. Wer größere Mengen dörren und den Ofenraum gut ausnutzen will, kann sich Holzstangen von 6–8 mm Durchmesser auf die Ofenbreite zusägen lassen. In den seitlichen Schienen lassen sich so einige z.B. mit Obstscheiben aufgezogene Stäbe neben- und übereinander unterbringen. Achten Sie auf die richtige Verteilung der Früchte, denn hängen die Stangen unter dem Gewicht zu sehr durch, können sie eventuell aus der Schiene rutschen.

4

5

6

Dörrgeräte

Ähnlich wie der Backofen bietet auch ein Dörrgerät eine gute und sichere Möglichkeit, reichhaltige Ernten aus dem Garten oder Sonderangebote an reifen Früchten auf Vorrat zu dörren. Das Geheimnis perfekten Dörrens liegt in der stetigen Warmluftzirkulation. Dafür sorgt ein Ventilator, meist im Gehäuseunterteil, mit stufenloser Temperaturregelung, meist zwischen 20 und 70 °C, der das Dörrgut von beiden Seiten trocknet. Die entzogene Feuchtigkeit entweicht zusammen mit dem Luftstrom durch ein Entlüftungsloch im Deckel. Runde Gittersiebe aus Kunststoff oder Metall nehmen, übereinandergestapelt, das Dörrgut auf.

Abhilfe gegen den relativ hohen Energieverlust bei Dörrgeräten – ein Teil der Wärme verliert sich im Raum – lässt sich mit wenig Aufwand schaffen:

- Stellen Sie Ihren Dörrautomaten in einen leeren Holz- oder alten Kühlschrank und sorgen Sie mit Schlitzen oder offenen Bereichen für genügend Abluft. Die Trockenzeit wird erheblich verkürzt und Energie gespart.
- Bauen Sie zusätzlich Holzstäbe und/oder Gitterregale im oberen Bereich des Schrankes ein, sodass sie größere Mengen trocknen können.

Trockenschränke

Wer nach einigen Kostproben dem Trockenrausch verfällt, wird sich die Anschaffung eines Trockenschrankes überlegen. Wer handwerklich begabt ist, kann einen alten Holzschrank so umfunktionieren, dass er die Möglichkeit bietet, staubfrei und bei optimalem Luftaustausch zu trocknen. Oder ein Schrank wird nach individuellen Maßen angefertigt, mit Einschubregalen versehen und von einem guten Ventilator beheizt. Auch Schränke mit Sonnenkollektoren, um die natürliche Sonnenenergie zu nutzen, sind möglich.

Es gibt auch professionelle Trockenschränke zu kaufen. Sie liegen preislich zwischen 2000 und 5000 Euro. Etwa so groß und gut isoliert wie ein hoher Kühlschrank, sind sie mit flachen Schubladen, die dicht übereinander angebracht sind, bestückt. Die Wärme kommt von oben und unten, kleine Ventilatoren verteilen sie gleichmäßig über den gesamten Innenraum.

1 Ein Schweißgerät ist ideal, um Getrocknetes luftdicht zu verpacken.

2 Eingeschweißt und dunkel gelagert bleibt das Trockengut lange haltbar.

3 Fruchtscheiben mit Zucker zu bestreuen macht die Chips besonders kross und süßt etwas nach.

4 Dunkle Gläser und Flaschen schützen lichtempfindliche Würzpulver besonders gut.

5 Luftdicht verschließbare helle Gläser sind optimal für den Vorratsschrank.

Temperatur und Trockenzeiten

Wichtig ist, dass der Trockenvorgang zügig und bei möglichst konstanten Temperaturen abläuft. Gute Luftzirkulation, staubfrei, niedrige Luftfeuchtigkeit – das sind die besten Voraussetzungen für ein optimales Ergebnis. Und die Temperatur muss stimmen: Ist sie zu niedrig, ist die Gefahr groß, dass die Fäulniserreger Zeit haben, sich zu vermehren, bevor das Wasser entzogen ist. Zu hohe Temperaturen dagegen zerstören wertvolle Inhaltsstoffe und das Trockengut verfärbt sich dunkel.

Jede Zeitangabe beim Trocknen und Dörren kann nur ein ungefährer Richtwert sein, denn die Trockenzeit ist von vielen Faktoren, wie Größe, Reifezustand, Wassergehalt der Sorten und von der Trockenmethode abhängig.
Kleines Beispiel: Apfelscheiben brauchen bei 50 °C im Dörrapparat:

- 2 mm dick ca. 2 Stunden
- 4 mm dick ca. 3 Stunden
- 6 mm dick ca. 4 ½ Stunden

Die Lagerung der Trockenvorräte

Was über einen längeren Zeitraum aufbewahrt werden soll, muss gut vor Feuchtigkeit geschützt werden. Ideal für die Lagerung sind kühle, luftige Kellerräume oder eine Speisekammer. Helles Tageslicht ist ebenso ungünstig wie zu hohe Temperaturen (mehr als 12 °C sollten es möglichst nicht sein).
Das Trockengut wird am vorteilhaftesten in kleinen Portionen verpackt eingelagert:

- Ideal und der sicherste Schutz vor Feuchtigkeit ist die Aufbewahrung in eingeschweißten Beuteln.
- Auch luftdicht verschließbare, möglichst dunkle Gläser sind eine gute Alternative. Ebenso Blech- oder Kunststoffdosen. Wiederverschließbare kleine Bierflaschen sind für Würzpulver gut geeignet.
- Leinenbeutel oder Cellophantüten bieten sich als hübsche Verpackung an, um Getrocknetes für kurze Zeit aufzubewahren oder zu verschenken.
- Von Zeit zu Zeit Stichproben entnehmen, um zu kontrollieren, ob das Trockengut feucht oder angeschimmelt ist oder ob sich die Dörrobstmotte eingenistet hat.

4

5

Die wichtigsten Trockenregeln

Die folgenden Tipps fassen zusammen, was man beim Trocknen und Dörren beachten sollte, um ein optimales Ergebnis zu erzielen:

- Gemüse und Obst müssen reif, von guter Qualität und sauber sein. Kerne, Stiele und Kerngehäuse entfernen.
- Fehlt Früchten die Süße, hilft das Bestäuben mit Zucker oder eine Zuckerlösung: 500 g Zucker auf 1 l Wasser, die Früchte darin erhitzen und in der Lösung abkühlen, danach abtropfen lassen und anschließend trocknen.
- Um Verfärbung vorzubeugen, die Früchte vor dem Trocknen eventuell (wenn sie sehr süß sind) mit verdünntem Zitronensaft oder 1%iger Zitronensäure einsprühen; alternativ kann man auch 1%iges Salzwasser verwenden.
- Das Trockengut sollte immer mit etwas Abstand nebeneinander, nie übereinander ausgelegt werden.
- Trockene warme Luft, die zirkulieren kann, ist wichtig, ebenso wie die richtige Temperatur, um Schimmelbefall vorzubeugen.
- Um zu kontrollieren, ob der Dörrprozess abgeschlossen ist, ein getrocknetes Stück Obst oder Gemüse nach dem Abkühlen an der dicksten Stelle durchbrechen, um zu sehen, ob es innen noch feucht ist. Eventuell nachtrocknen.
- Das Trockengut sollte möglichst luftdicht verschlossen und kühl und dunkel gelagert werden.
- Nach 14 Tagen das eingelagerte Dörrgut noch mal überprüfen. Zeigt sich an der Schnittkante beim Anschneiden noch Feuchtigkeit, muss nachgetrocknet werden.
- Angeschimmelte oder von Motten befallene Trockenvorräte müssen aussortiert und weggeworfen werden.

DIE GEEIGNETE UNTERLAGE

Ob große Trockenrahmen, die voll belegt mit Tomaten oder Früchten in der Sonne liegen, oder kleine Bleche und Backmatten: Neben Wärme und Luft braucht man auch eine geeignete Unterlage, die das Trocknen erleichtert.

Trockenrahmen

Eine durchlässige Unterlage, auf der man Obst und Gemüse im Freien, auf der Heizung und auch im Dörrgerät ausbreiten kann, ist optimal, weil die Wärme so am besten zirkulieren und sehr schonend trocknen kann.

- Für erste Trockenversuche können Sie ganz leicht einen kleinen Übungsrahmen herstellen: Einfach eine ca. 4 mm starke und 1 m lange Metallstange besorgen und sie mit zwei Zangen auf eine den Heizkörpern angepasste Größe rechteckig biegen. Den Rahmen mit Fliegengitter bespannen und mit dünnen Klettbändern fixieren.
- Der klassische Dörrrahmen wird aus einem luftdurchlässigen Geflecht, Gitter oder einer Stoffgaze im Holzrahmen gefertigt. Meist verwendet man Fliegengitter aus Nylon, die leicht, beweglich und praktisch zu reinigen sind. Sie werden mit Spannung auf Holzrahmen getackert, mit Klettband befestigt oder mit Hilfe einer Nut so fixiert, dass man sie zum Reinigen herausnehmen oder gegen neue austauschen kann. (Nähere Infos unter info@sabinehans.de)
- Zum Trocknen größerer Mengen können mehrere Rahmen in einem Schrank mit Hilfe von seitlich angebrachten Schienen übereinander eingeschoben werden. Man kann sie auch auf der Heizung oder im Dörrgerät aufeinanderstapeln.

Geschlossene Unterlagen

Zum Trocknen von Samen, Raspeln und Körnern, die leicht durch das Gitter fallen können, aber auch für Fruchtpürees, die man aufstreicht und zu Fruchtleder trocknen lässt, sind geschlossene Flächen besser geeignet.

- Ideal sind z.B. Ofenbleche. Das Metall, das sich aufheizt, unterstützt und beschleunigt dabei den Vorgang. Man kann die Bleche auch zusätzlich mit Backpapier oder einer Backmatte belegen.
- Backmatten speichern, ähnlich wie Metall, die heiße Ofenluft. Sie sind dank ihrer Biegsamkeit die Favoriten unter den geschlossenen Flächen, denn so lassen sich auch hauchdünne Scheiben oder Fruchtleder einfach lösen und schnell und leicht sind die Matten wieder gesäubert. Um Fruchtpürees in runde Form zu bringen, sind auch flache Tarteformen gut geeignet.
- Mit Backpapier, ebenfalls eine flexible, geschlossene Unterlage, kann man Bleche oder auch das Ofengitter belegen, um z.B. Scheiben beim Trocknen besseren Halt zu geben.
- Geschlossene Holzflächen kommen in Dörrhäusern oder Schränken mit gut zirkulierender, erwärmter Luft zum Einsatz. Sie sind lange haltbar und gut zu reinigen und pflegen.

Kleiner Tipp für Pilzsammler

Für passionierte Pilzsammler lohnt es sich, einen langen Leinenbeutel zu nähen, der genau auf die Oberfläche des Heizkörpers passt. Befüllen Sie ihn locker mit kleinen ganzen oder mit in Scheiben geschnittenen größeren Pilzen. Schütteln Sie den Inhalt ab und an durch und trocknen Sie die Pilze, bis sie „rascheltrocken" sind.

__1__ Aus einer Metallstange lässt sich ganz einfach ein Übungsrahmen biegen.
__2__ Kleine Mengen kann man auch auf einem Spritzschutzsieb trocknen.
__3__ Trockenrahmen lassen sich auch übereinanderstapeln.
__4__ Der klassische Trockenrahmen aus Holz mit einer dünnen Gaze bespannt.
__5__ Auch Stoffe sind als Unterlage geeignet, vor allem für Streifen und Körner.
__6__ Backpapier ist ebenfalls eine preiswerte, flexible Unterlage.

1

2

3

4

5

6

TROCKNEN IM GANZEN

Bringt kleine Früchte groß raus

Gemüse und Obst, die im Ganzen getrocknet werden, haben einen ganz unverwechselbaren Geschmack. Die Konsistenz ist immer noch relativ feucht, da die Außenhaut sowohl vor dem völligen Austrocknen schützt als auch Farbe und Geschmack bewahrt. Um große Vorräte lange zu konservieren, ist diese Methode besonders gut geeignet.
Ein Nachteil ist allerdings die lange Trockenzeit. Man benötigt eine möglichst gleichmäßige und konstante Wärme, sodass die Sonne hier unter Umständen nicht ausreicht und ein Dörrgerät oder der Backofen aushelfen müssen.

Damit es schneller geht

Um das Trocknen etwas zu beschleunigen, gibt es kleine Starthilfen:

- Die Schale mit einer Pellkartoffelgabel anstechen.
- Das Trockengut kurz in heißem Wasser blanchieren.
- Die Früchte zwischen zwei Lagen kräftig drücken, um sie zu öffnen.

Was ist geeignet?

Vor allem kleine Früchte ohne Kern, wie z.B. Heidelbeeren, Weintrauben, Johannisbeeren, Walderdbeeren, Berberitzen, Cranberrys, Stachelbeeren oder kleine Feigen lassen sich gut im Ganzen trocknen. Auch Kräuter, einige Pilzsorten, Chilischoten, Peperoni, Cherrytomaten oder Erbsen eignen sich dafür.
Alle Früchte sorgfältig waschen und trocken tupfen, dabei überreife oder solche mit Druckstellen aussortieren. Nebeneinander – mit etwas Abstand – auf den Dörrrahmen verteilen und auf der Heizung oder im Freien trocknen. Zwischendurch regelmäßig etwas schütteln. Warme, bewegte und trockene Luft mit Temperaturen von 30–50 °C ist optimal. Die Früchte sollten nicht im prallen Sonnenlicht stehen, das wirkt sich unvorteilhaft auf Qualität und Geschmack aus. Der Trockenprozess ist abgeschlossen, wenn beim Drücken der Früchte kein Saft mehr austritt.
Kräuter an Stielen hängt man gebündelt zum Trocknen auf. Man sollte sie keinesfalls dem direkten Sonnenlicht aussetzen und darauf achten, dass die Temperaturen nicht zu hoch sind, sonst gehen zu viele Inhaltsstoffe verloren. Die Kräuter am besten bei trockenem und schönem Wetter sammeln, kurz vor der Blütezeit sind sie besonders aromatisch.

Verwendung

Die Einsatzmöglichkeiten von im Ganzen getrocknetem Obst und Gemüse sind vielfältig:

- Eingelegt sind sie eine leckere Beilage für Fisch oder Fleisch.
- Süße Früchte geben Saucen raffinierten Geschmack.
- Ideal für Kuchen, Muffins und Quarkspeisen.
- Geflügelfüllungen mit getrockneten Früchten sind nicht nur in der Weihnachtszeit gefragt.

TROCKNEN IN SCHEIBEN

Fein geschnitten, stark im Geschmack

Obst und Gemüse dünn aufgeschnitten zu dörren, hat viele Vorteile: Die Methode ist für alle Sorten geeignet. Die dünnen Scheiben sind in kurzer Zeit getrocknet, weil die offenen Flächen die Feuchtigkeit schnell abgeben, und für die Zubereitung ebenso schnell wieder eingeweicht, mariniert und gekocht. Feine Scheibchen, nicht nur von Obst, sondern auch von verschiedenen Gemüsesorten, wie z.B. Rote Bete, sind auch ein leckerer und gesunder Snack für zwischendurch. Wichtig ist hier gutes Timing, die Scheiben müssen sehr kross getrocknet sein und sofort luftdicht verpackt werden, damit sie keine Feuchtigkeit mehr anziehen können.
Die ideale Unterlage, um scheibchenweise Trockengenuss zu produzieren, ist feine Gaze. Auch auf Bindfaden aufgezogen, lassen sich Scheiben gut trocknen, allerdings dürfen sie dafür nicht allzu dünn geschnitten sein, da sie sonst leicht brechen können.

Die richtige Vorbereitung

Nach dem Säubern und Waschen werden, je nach Sorte, die Stiele, Schalen und Kerngehäuse entfernt. So vorbereitet schneidet man das Obst oder Gemüse dann mit einem scharfen Messer, einer Mandoline oder besser mit einer elektrischen Schneidemaschine in dünne Scheiben.
Belegen Sie den Trockenrahmen dann möglichst so, dass sich die Scheiben nicht berühren und aneinander festkleben und die Luft ungehindert zirkulieren kann. Anfangs – bis sich die Oberfläche durch Abtrocknen geschlossen hat – die Scheiben einige Male wenden, um zu vermeiden, dass sie an der Gaze festkleben.

Für noch mehr Geschmack

Es gibt verschieden Möglichkeiten, das Aroma von Obst und Gemüse vor oder nach dem Trocknen raffiniert zu intensivieren:

- Verwenden Sie Gewürze (Salz ist meist nicht nötig) vor dem Trocknen; aber vorsichtig, damit der Geschmack später nicht zu intensiv ist.
- Durch kurzes Blanchieren in heißem Wasser (nur für Gemüse, nicht für Obst geeignet) lässt sich die Farbe verstärken und man kann dabei ebenfalls beliebig würzen.
- Fehlt Früchten Süße, kann man beim Trocknen Zucker verwenden. Der Vorteil: Der Chip-Charakter der Fruchtscheiben bleibt erhalten, da die getrocknete Zuckerschicht etwas länger vor Feuchtigkeit schützt.
- Bereits getrocknete Obst- und Gemüsescheiben können Sie auch im Nachhinein aromatisieren – einfach mit Gewürzen in ein luftdicht verschließbares Glas legen, damit sich die Aromen vermischen können. Ein leckeres Beispiel: Birnen mit Vanillestangen. Eine gewisse Restfeuchtigkeit ist für den Geschmack dabei von Vorteil, denn so überträgt sich das Aroma besser.
- Eine raffinierte Variante, um den Geschmack zu verändern, ist es, das Trockengut gewürzt zu marinieren. Legen Sie z.B. getrocknete Birnenscheiben in warmen, mit Vanillemark aromatisierten Birnensaft ein.
- Auch Flambieren bietet sich an: Beträufeln Sie die Scheiben mit etwas hochprozentigem Alkohol, z.B. Obstbrand oder Calvados. Den Alkohol dann in einem kleinen Topf entzünden und über die Scheiben gießen.

RAFFINIERT GEFORMT

Vielseitig einsetzbar: getrocknete Matten aus Obst und Gemüse

Aus Obst- und Gemüsescheiben lassen sich ganz einfach Matten und Gefäße formen, die bei vielen Gerichten und auch als Dekoration zum Einsatz kommen. Legen Sie die sehr dünn geschnittenen Scheiben überlappend auf Stoffgaze, Drahtgeflecht, Backpapier oder eine Backmatte. Nach dem Trocknen ist die Fläche in sich fest verbunden, aber beweglich. Zitronen- oder Salzwasser zu verwenden, um die Verfärbung des Fruchtfleisches zu verhindern, ist hier nicht ratsam, da die Scheiben sonst nicht gut aneinander haften. Die Trockenzeit ist abhängig von der Scheibendicke und dem Feuchtigkeitsgehalt der Sorten: im Dörrgerät und im Backofen bei ca. 60 °C 1–3 Stunden, auf der Heizung ca. 8 Stunden, in der Sonne 3–10 Stunden.

Pflaumenmatte_ Die hauchdünn geschnittenen Pflaumenscheiben auf einer Unterlage überlappend zu einem „Teppich" beliebiger Größe und Form legen. Mit einer zweiten Gaze oder etwas Hasendraht bedecken, damit sich die Scheiben beim Trocknen nicht zu sehr wellen. Pflaumenmatten sind ideal für asiatische Gerichte, z.B. um ein Thunfisch-Sushi daraus zu rollen.

Fischschuppen_ Aus Apfelscheibchen lassen sich die Fischformen ganz einfach herstellen, denn der beim Trocknen austretende Fruchtzucker „verklebt" die Schuppen. Am besten geht es zwischen 2 mit Gaze bespannten Dörrrahmen, damit die geviertelten Scheiben beidseitig fixiert sind. Die Apfelschuppen sind mariniert eine leckere essbare Unterlage für Fischsalat, Tatar oder gebratene Scampi.

Apfelnest_ Um kleine Schalen zu formen, legt man die dünnen Apfelscheiben zwischen 2 Siebe, die ineinander passen. Oder man improvisiert mit Hasendraht, den man doppelt in eine Form biegt. Die Schalen sind ideal, um darin Eis, Obstsalat oder z.B. ein Weinschaumdessert zu servieren. Herzhaft gefüllt und mit Küchengarn gebunden, wird daraus ein Beutel, den man im Dampf garen kann.

Birnenteppich_ Die gehaltvolle Süße getrockneter Birnen ist einfach köstlich. Süß oder herzhaft gefüllt, kann der Birnenteppich zur Rolle gewickelt und wie Sushi aufgeschnitten serviert werden. Köstlich schmeckt er auch mariniert oder pur in Crêpeteig getaucht und ausgebacken.

Zucchinischale_ Da Zucchini relativ schnell viel Wasser verlieren, brauchen sie, um als Form gut zu trocknen, auf alle Fälle Halt von oben und unten (siehe Apfelnest).

GETROCKNETE STREIFEN

Dünne Fäden, die starke Akzente setzen

Dieser hübsche Knäuel feiner, roter Streifen ist nicht etwa Safran, sondern es sind Chilischoten, hauchdünn geschnitten und getrocknet. Man kann die farbintensiven Scharfmacher, die man in Restaurants häufig als Dekoration auf Suppen findet, in Feinkostläden kaufen oder ganz einfach selber trocknen. Aber nicht nur Chilischoten, auch viele Obst- und Gemüsesorten lassen sich zu Streifen verarbeiten.

Gemüse- und Obststreifen trocknen

Um mit kurzen Dörrzeiten auszukommen, sind die Streifen von Gemüse und Früchten bestens geeignet. Als Werkzeug reicht meist ein simpler Sparschäler oder ein scharfes Messer, eventuell kann man auch eine Mandoline verwenden. Zum Trocknen wählen Sie eine beliebige Methode aus und verteilen die Streifen dünn auf einer Unterlage. Schon nach ca. 1 Stunde sind die feinen Streifchen getrocknet. Große Vorräte anzulegen, ist nicht zu empfehlen, denn die getrockneten Streifen nehmen relativ viel Platz in Anspruch und verlieren schneller Farbe und Geschmack.

- Ideal sind alle Wurzelgemüse, wie Karotten, Pastinaken, Petersilienwurzeln, aber auch Rote Bete, Rettich und alle anderen festen Gemüsesorten. Gemüse waschen und putzen, mit dem Sparschäler ohne viel Druck die Wurzeln unter Drehen dünn aufschälen und trocknen.
- Möchten Sie Chilifäden selber trocknen, nehmen Sie relativ große Chilischoten. Nach dem Waschen den grünen Ansatz entfernen, die Schoten seitlich einschneiden, sodass sie geöffnet werden und flächig liegen. Übereinanderlegen und mit einem scharfen Messer so dünn wie möglich in Streifen schneiden. Bei 50 °C (Umluft) im Ofen, im Dörrapparat, auf der Heizung oder in der Sonne trocknen. Vergessen Sie nicht, sich danach die Hände zu waschen, um die scharfen Spuren zu beseitigen!
- Lauch ist ebenfalls sehr gut geeignet; die mit einem scharfen Messer geschnittenen und getrockneten Streifen schmecken sehr intensiv und schon dünnste Fäden setzen kräftige Akzente.
- Auch Apfelschalen (Bioäpfel verwenden) können mit dem Sparschäler in Streifen geschält werden, ebenso wie Tomaten und Paprika, für die es spezielle Schäler gibt.
- Früchte wie Äpfel, Birnen oder Mangos können ebenfalls in Streifen getrocknet werden. Lecker schmecken auch Kürbisstreifen.

Kochen mit Streifen

Die meisten Gemüsestreifen sind nicht zum Würzen bestimmt, sondern können gekocht wie frische Ware, z.B. als Gemüsebeilage, verwendet werden.

- Ideale Streifengerichte sind die italienischen Antipasti: Das Gemüse wird kurz in Weißwein, Essig und Wasser gekocht und mit Öl und Kräutern eingelegt.
- Kross mit etwas Zucker und Gewürzen getrocknet (z.B. Karotten) kräuseln sich die Streifchen zu einer Art Holzwolle, die allerdings köstlich schmeckt. Sie dekoriert – je nach Sorte – Nachspeisen und Torten oder herzhafte Gerichte, wie Fisch oder Aufläufe.
- Aus getrockneten Apfelschalen lässt sich ein wohlschmeckender Tee zubereiten. Gecruncht passen die Schalen, die sich sehr leicht mit den Fingern zerbröseln lassen, zu Müsli, Süßspeisen oder Suppen.

RASPELN, KÖRNER, PULVER

Aromatische Würzkraft vom Feinsten

Je feiner Obst und Gemüse zerkleinert werden, desto schneller sind sie getrocknet und eine kreative Grundlage für viele schmackhafte Gerichte. Für knackige Körner bieten sich vor allem Wurzel- und Knollengemüse an, z.B. Rote Bete, Topinambur, Möhren, Sellerie, Kohlrabi. Sorten wie Zucchini, Brokkoli und Kohl sind weniger geeignet. Ebenso wie kleine Beeren, deren saftiges, weiches Fleisch man nicht so gut schneiden kann. Hier lassen sich Körner besser aus bereits getrockneten Scheiben oder Streifen herstellen.

Körner trocknen

Die Knollen schälen und putzen, in große Würfel schneiden und im Mixer oder mit der Raspelscheibe zu Körnern zerkleinern. Auf Blechen oder feinmaschigen Gittern verteilen und im Backofen bei 70 °C (Umluft) ca. 1–2 Stunden trocknen, gelegentlich mit einem Löffel durchmischen. Die Ofentüre sollte einen Spalt geöffnet bleiben. Für krosse Körner die Temperatur für die letzten 10 Minuten auf 100 °C erhöhen. Die Körner abkühlen lassen und in Vorratsgläsern luftdicht, kühl, dunkel und trocken lagern.

Gewürze wie Knoblauch oder Ingwer lassen sich sehr gut zu Flocken – ideal zum Würzen – verarbeiten. Man zerkleinert sie vorsichtig, bei kleinster Drehzahl im Mixer und trocknet sie im Ofen bei 50 °C oder kross bei 70 °C.

Mit Körnern kochen

Gemüsebeilagen lassen sich hervorragend aus Raspeln oder Körnern zubereiten. Sie sind sehr schnell gar und behalten dabei ihre bissfeste Konsistenz. Nehmen Sie anstatt Wasser zum Garen Geflügel- oder Gemüsefond, mit ein wenig Butter verfeinert – so schmeckt einfaches Trockengemüse sehr delikat.

Verarbeiten Sie die Körner in Brotteig, für Makronen, Kuchen oder Cracker. Oder bereiten Sie daraus mit Butter und Gewürzen eine Kruste, um Fleisch unter dem Grill zu gratinieren. Streuen Sie die Körner als Topping über Salate oder Suppen. Und verwenden Sie krosse Körner, um daraus Würzpulver herzustellen.

Würzpulver

Ob aus Gemüse oder Früchten hergestellt: Pulver ist Aroma pur und darf in keiner feinen Küche fehlen. Aus kross getrockneten Körnern lässt sich durch Mahlen, am besten in einer kleinen Kaffeemühle, und anschließendes Sieben grobes bis staubfeines Pulver herstellen. In dunkle, gut verschließbare Gläser oder kleine Flaschen abgefüllt, findet es vielfältige Verwendung:

- für Eis (versuchen Sie mal Minzepulver auf Erdbeereis!), Jogurt und viele Desserts;
- um Rührei zu verfeinern;
- als Panade für Fleisch und Fisch;
- um Fleisch (mit Gemüse- oder Fruchtpulver) zu marinieren und anschließend im Dampf zu garen – das Ergebnis ist köstlich und besonders aromatisch;
- um eine besonders schnelle Suppe zu zaubern;
- zum Andicken und Würzen von Saucen;
- für Pasten und Pestos aller Art;
- um Butter zu aromatisieren;
- und da das Auge immer mitisst: zur dekorativen Garnitur, z.B. intensiv gefärbtes Rote-Bete-Pulver auf einer hellen Cremesuppe.

FRUCHTLEDER

Liebe auf den ersten Biss

Früchte und Gemüse verlieren beim Trocknen ca. 80 % ihres Gewichts, gewinnen aber entsprechend viel an Geschmack. Fruchtleder sind eine besondere Spezialität und an Wohlgeschmack kaum zu übertreffen. Dafür werden die Früchte (auch Mischungen verschiedener Sorten sind möglich) klein geschnitten, eingekocht, durch ein Sieb gegossen, um sie von Kernen und Schalen zu trennen, und erneut eingekocht. Eventuell mit etwas Zucker süßen oder beliebig würzen. Die Masse dünn auf eine Backmatte oder ein mit Backpapier belegtes Blech auftragen und trocknen.

Verwendung von Fruchtleder

- In Würfel geschnitten schmecken die Fruchtstückchen besser als jedes Bonbon.
- In feinste Streifen geschnitten sind sie eine köstliche Zutat für Süßspeisen aller Art.
- Verwenden Sie das Fruchtleder, um eine Obst- oder Gemüseterrine darin einzurollen.
- Legen Sie Streifen (z.B. von Himbeerleder) in eine Flasche mit Essig, um ihn zu aromatisieren.

Esspapier

Eine wohlschmeckende Variante kann man aus Fruchtsäften herstellen. Diese Art „Esspapier" ist besonders gut für Dekorationen geeignet. Pressen Sie frische Früchte (z.B. Granatäpfel oder Passionsfrüchte) aus, gießen Sie den Saft durch ein Sieb auf eine Backmatte, würzen Sie nach Belieben und lassen Sie ihn trocknen. Diese Fruchtpapiere trocknen am besten bei 120 °C im Backofen (Umluft) in ca. 45 Minuten. Probieren Sie auch gekauften reinen Birnensaft: Auf die Hälfte einkochen lassen, mit Vanillemark und etwas Rosmarin würzen und den eingedickten Saft trocknen lassen.

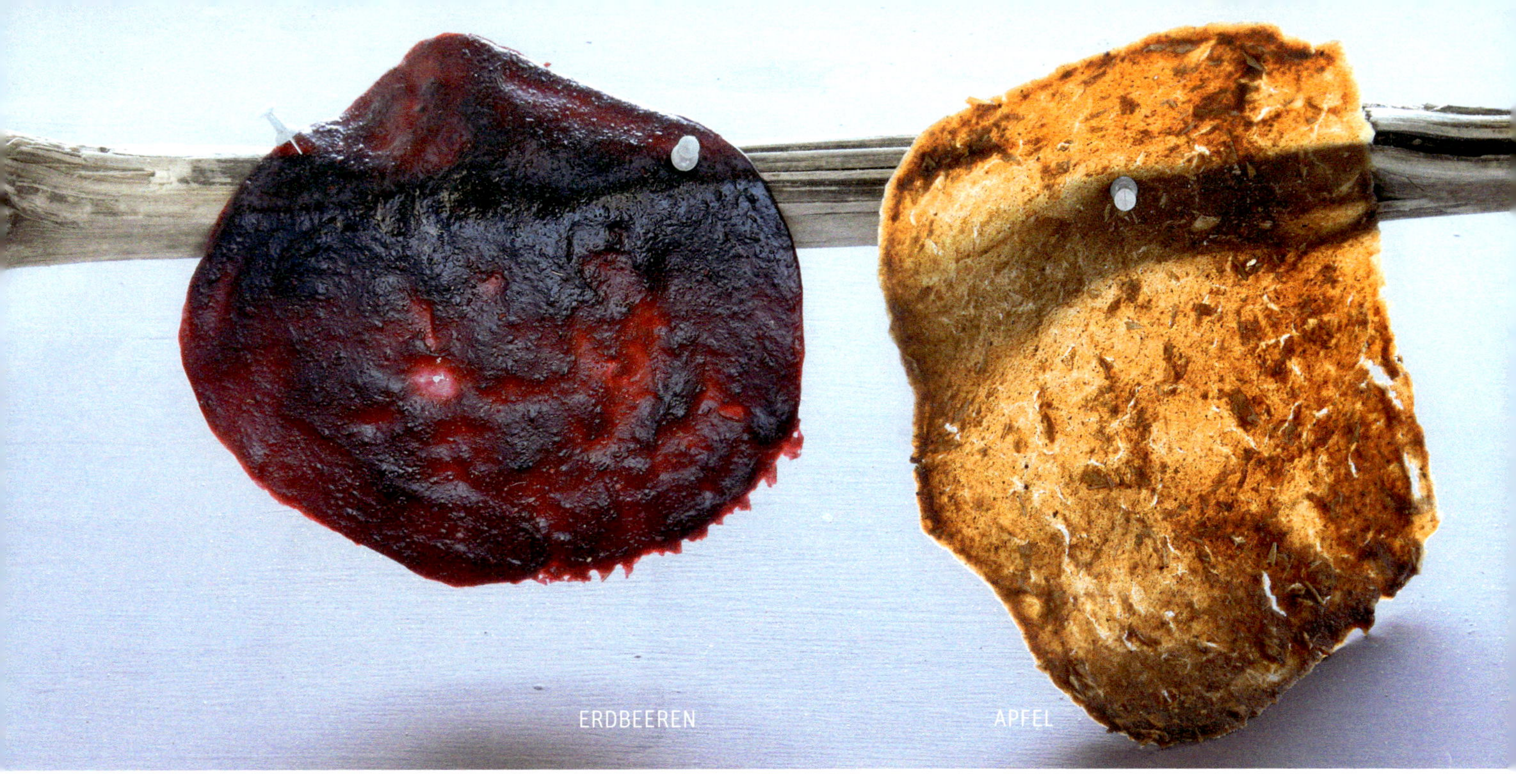

Apfelleder
1 kg Äpfel (ergeben geputzt und geschält 750 g) schälen, vierteln und entkernen. Mit 50 g Zucker, dem Mark 1 Vanilleschote, 50 ml Calvados und 50–100 ml Wasser und 5 grünen Pfefferkörnern 10 Minuten weich kochen und im Mixer pürieren. Das Mus dünn auf eine Backmatte streichen (3–8 mm dick) und in der Sonne oder auf der Heizung 1–3 Tage trocknen.

Waldbeerenleder
1 kg gemischte Beeren mit 100 g Zucker in einen Topf geben und 5 Minuten sprudelnd kochen lassen. Durch ein Sieb in einen anderen Topf streichen, ¼ kleine getrocknete Chilischote und ½ TL gemahlene Rosmarinnadeln dazugeben und erneut aufkochen. Unter ständigem Rühren bei starker Hitze weitere 5–10 Minuten reduzieren. So dünn wie möglich auf eine Backmatte streichen und auf der Heizung oder an der Sonne 1–3 Tage trocknen.

Ananasleder
1 Ananas klein schneiden, die harte Mitte entfernen; mit 2 geschälten Grapefruits (ohne Kerne und weißer Haut) im Mixer fein pürieren. Mit 35 g Zucker und 3 Stielen Minze in einem Topf aufkochen. Beiseite stellen und 15 Minuten ziehen lassen. Die Minze herausnehmen. Die Masse auf einer Backmatte so dünn wie möglich ausstreichen, auf der Heizung oder an der Sonne 1–3 Tage trocknen lassen.

Erdbeerleder
1 kg frische oder gefrorene Erdbeeren mit 35 g Zucker in einem Topf aufkochen, unter Rühren 5–10 Minuten kochen lassen. Durch ein Sieb in einen zweiten Topf streichen, mit 10 gemahlenen rosa Pfefferkörnern noch mal 5–10 Minuten einköcheln lassen. Zwischendurch 30 ml Obstbrand unterrühren. Das Erdbeerpüree auf eine Backmatte streichen und 1–3 Tage trocknen lassen.

AROMA AUF VORRAT

BLÜTENBLÄTTER • AROMASALZ • ZUCKERVARIATIONEN

Rosenblütenpulver, Orangenstaub, aromatisierte Salze und Zucker – damit lässt es sich herrlich würzen und verfeinern. Wer einmal getrocknete, frisch gemahlene Erdbeeren gerochen hat, wird den köstlichen Duft, der sofort in Sommerlaune versetzt, nicht mehr so schnell vergessen. Und der Geschmack: Aroma pur!

AROMATISIERTE SALZE

Parfümiert mit Zitrusschalen, Kräutern und Gewürzen

Salzmischungen gibt es in den verschiedensten exklusiven Varianten im Handel zu kaufen. Man kann sie aber auch problemlos selbst herstellen: Einfach Salzkristalle mit Kräutern und getrockneten Schalen von Zitronen, Limonen und Orangen mischen. Die Schalen von unbehandelten Zitrusfrüchten, die bei der Saftherstellung anfallen, finden somit eine praktische Verwertung. Die Früchte 5 Minuten in einer Salzlösung (1 EL Salz auf 1,5 l Wasser) säubern und abtrocknen. Mit einem sehr scharfen Messer die Schale dünn von der Frucht abschneiden, weiße Hautreste entfernen. Die Schalen auf einem Blech bei 60 °C 1 Stunde im Backofen (Umluft) trocknen. Darauf achten, dass die Schalen nicht braun werden.

ZITRONEN-PFEFFER-SALZ

100 g Salzkristalle
2 EL getrockneter grüner Pfeffer
2 EL getrocknete Zitronenschalen

ZITRONEN-MINZE-SALZ

3 EL getrocknete Minzeblätter
100 g Salzkristalle
2 EL schwarzer Pfeffer
1 EL getrocknete Knoblauchscheiben
2 EL getrocknete Zitronenschale

LIMONEN-CHILI-SALZ

4 Stängel Zitronengras
2 EL getrocknete Limonenschale
1 kleine getrocknete Chilischote
10 getrocknete Kaffirlimettenblätter
100 g Salzkristalle

ORANGEN-ROSMARIN-SALZ

2 EL getrocknete Orangenschalen
1 EL getrocknete Rosmarinnadeln
1 TL getrockneter Ingwer
1 TL getrocknete Knoblauchflocken
100 g Salzkristalle

1 Für das Zitronen-Pfeffer-Salz die Salzkristalle mit dem Pfeffer im Mörser mahlen. Die Zitronenschalen in der Kaffeemühle mahlen und hinzufügen. Alles mit dem Salz mischen.
Passt besonders gut zu Rindfleisch, Fisch, Risotto, Zucchini.

2 Für das Zitronen-Minze-Salz die Minze zerbröseln, mit Salzkristallen und Pfeffer im Mörser zerstoßen.
Die Knoblauchscheiben und die Zitronenschalen in der Kaffeemühle mahlen. Alles gut vermischen.
Passt zu Grillfisch, Lammfilet, Quark-mischungen.

3 Für das Limonen-Chili-Salz die Zitronengrasstängel der Länge nach halbieren und bei 40–50 °C im Backofen trocknen. Limoneschale, Chilischote, Kaffirlimettenblätter und Zitronengras sehr grob in der Kaffeemühle zerkleinern. Mit den Salzkristallen mischen.
Passt zu Suppen, Grillfleisch, Fisch.

4 Für das Orangen-Rosmarin-Salz die Orangenschale mit Rosmarinnadeln, Ingwer und Knoblauchflocken in der Kaffeemühle zerkleinern. Mit den Salzkristallen vermischen.
Passt gut zu Tomatengerichten, gebratenen Pilzen und Hühnerfleisch.

TIPP

Die Mischungen können auch ohne Salz hergestellt und zum Aromatisieren von Risotto, Pasta, Fisch- und Fleischgerichten eingesetzt werden. In Schraubgläsern aufbewahren oder portionsweise in kleine Stoffbeutel füllen, die man beim Kochen in den Topf hängen kann.

BROT UND SALZ

Ein raffiniertes Geschenk für die Umzugsparty

Bei der nächsten Einladung zur Wohnungs- oder Hauseinweihung wird dieser Brotlaib bestimmt für Überraschung sorgen. Bei dieser Sonderanfertigung des traditionellen Geschenks für den neuen Nachbarn wird statt simplem Salz und Brot eine aromatisierte Würzmischung in ein Gefäß gefüllt und vom selbst gebackenen Brot ummantelt.

ZUTATEN

1 gestr. TL Zucker
150 ml Wasser
200 g Mehl
25 g frische Hefe
abgeriebene Schale 1 unbehandelten Orange
3 EL Salz
1 TL Rosmarin

ZUBEREITUNGSZEIT: ca. 50 Minuten
BACKZEIT: ca. 30 Minuten bei 200 °C

1 Zucker in warmem Wasser auflösen und das Mehl mit der Hefe mischen. Zutaten in der Küchenmaschine zu einem geschmeidigen Teig verarbeiten. Den Teig in einer Schüssel an einem warmen Ort zugedeckt ruhen lassen, bis sich das Volumen verdoppelt hat. Anschließend mit der Hand durchkneten und auf einer bemehlten Arbeitsfläche ca. 1 cm dick ausrollen.

2 Den Backofen auf 200 °C vorheizen. Ein ofenfestes, verschließbares Gefäß für die Salz-Mischung, noch nicht gefüllt, in den Teig wickeln. Das Brotpäckchen an den Enden verschließen, auf ein Backblech setzen und im Backofen ca. 30 Minuten backen.

3 Die abgeriebene Orangenschale 5 Minuten vor Ende der Backzeit auf die Backmatte legen. Den Backofen auf 50 °C herunterschalten und den Abrieb ca. 15 Minuten trocknen. Anschließend mit Rosmarin und Salz vermischen.

4 Das Brot in der Mitte durchschneiden, öffnen und auf einem Gitter auskühlen lassen. Das getrocknete Aromasalz in das Gefäß füllen, in die Öffnung des Brotes legen und die Brothälften schließen.

SO SCHMECKT'S AUCH

Ein kleines Stück Sellerieknolle, in Würfelchen geschnitten und getrocknet, anschließend im Mörser oder einer Mühle zerkleinert und mit Salz vermischt, ist eine aromatische Alternative zum Orangen-Rosmarin-Salz.

AROMATISIERTER ZUCKER

Duftende Süßkraft in vielen Variationen

Raffinierte Mischungen aus Zucker mit Pulver von Zitrusfrüchten, Apfelschalen, Kräutern, Gewürzen und Blüten eignen sich wunderbar zum Aufgießen von Tees und zum Süßen von Desserts. Und sie sind eine ideale „Resteverwertung", z.B. für ausgepresste Orangen- oder Apfelschalen, die beim Kochen anfallen.

ORANGEN-THYMIAN-ZUCKER
1 unbehandelte Orange
1 Bd. Thymian
5 EL Zucker

APFEL-INGWER-ZUCKER
4 Äpfel (1 Handvoll getrocknete Apfelschalen)
½ TL selbst getrocknetes Ingwerpulver
2 EL Zucker

ZUBEREITUNGSZEIT: 15 Minuten
TROCKENZEIT: 2 Tage

1 Für den Orangen-Thymian-Zucker die Orangenschale dünn von der Frucht schälen und die weiße Haut entfernen. Orange in dünne Scheiben schneiden, mit den Schalen und den Thymianzweigen etwa 2 Tage auf der Heizung trocknen. Danach die Orangenscheiben bei 80 °C im Backofen trocknen, damit ihnen die Restfeuchtigkeit entzogen wird. Die getrockneten Thymianblättchen, Orangenscheiben und -schalen zusammen in der Küchenmaschine oder Kaffeemühle mahlen und mit dem Zucker mischen. In einem Glas mit Schraubverschluss aufbewahren.

2 Für den Apfel-Ingwer-Zucker Äpfel schälen und die Schalen etwa 2 Tage auf der Heizung und anschließend kurz bei 80 °C im Backofen kross trocknen. Die getrockneten Apfelschalen in der Küchenmaschine oder in der Kaffeemühle mahlen und mit Ingwerpulver und Zucker mischen.

3 Auch sehr lecker: Aus Apfelschalen-Ingwer-Pulver lässt sich ein köstliches Getränk herstellen. 1 TL Zucker in einem Topf leicht karamellisieren lassen, 200 ml Wasser zugießen, 2 EL Pulver zugeben, aufkochen und 5 Minuten ziehen lassen. Durch ein Sieb abgießen.

VARIATIONEN

Geben Sie Zucker und getrocknete Blüten (z.B. Lavendelblüten oder Rosenblätter, jeweils 2 Teile Blüten auf 1 Teil Zucker) oder Gewürze (z.B. 1 beim Kochen übrig gebliebene Vanilleschote ohne Mark auf 30 g Zucker) in ein verschließbares Schraubglas und stellen Sie es an einen dunklen Ort. Nach 2 Wochen in einem Sieb den Zucker von den Aromaten trennen und zum Süßen verwenden.

GETROCKNETE BLÜTEN

Dekorativ, aromatisch und gesund

Ob als Tee, für Salate oder für die Hausapotheke – seit Jahrhunderten werden Kräuter- und Blumenblüten getrocknet. Heute werden die farbigen Blättchen im kulinarischen Bereich auch gerne frittiert, karamellisiert und zum Dekorieren eingesetzt, Quarkspeisen und Eis mit dem Pulver getrockneter Blüten aromatisiert. Vor allem im Orient findet man getrocknete Rosenblüten in Gewürzmischungen und Rosenwasser. Mit dem Pulver von Rosenblättern lassen sich Milchshakes nicht nur rosa einfärben, sondern auch aromatisieren. Probieren Sie Rosenblüten karamellisiert, in Schokoladensauce, in einem Sekt-Sorbet oder als Sirup. Verwenden Sie getrocknete und zerbröselte Blumen- oder Kräuterblüten als Topping für Suppen, gemahlenes Blütenpulver für eine Vinaigrette. Kräuterblüten können mit Salz und Pfeffer gewürzt zu Kräuterbutter verarbeitet werden.

ROSENBLÜTEN-SHAKE

40 ml Sahne
1 TL Blütenhonig
5 g Rosenblüten
Mark von 1/4 Vanillestange
250 ml Milch

ROSENGEWÜRZ

50 g Zimtstangen
3 EL Kardamomsamen
2 EL Cuminsamen
15 g getrocknete Rosenblüten

ZUBEREITUNGSZEIT: jeweils ca. 15 Minuten
KÜHLZEIT: 30 Minuten

1 Für den Shake die Sahne erhitzen und mit Honig verrühren. Die Rosenblüten fein mahlen, mit der Sahne vermischen und in ein Schraubglas (400 ml) gießen. Das Vanillemark hinzufügen und mit 250 ml Milch auffüllen. 30 Minuten kalt stellen. Anschließend das Glas kräftig schütteln. Eventuell durch ein feines Sieb gießen.

2 Für das Gewürz die Zimtstangen, Kardamom- und Cuminsamen in einer Pfanne ohne Fett rösten und im Mörser zerstoßen. Anschließend mit den Rosenblüten im Mixer mahlen. Die fertige Gewürzmischung in einem dunklen Glas mit Schraubverschluss aufbewahren.

BLÜTEN TROCKNEN

Zu den essbaren Blüten gehören: Gänseblümchen, Goldrute, Hibiskus, Holunder, Johanneskraut, Kamille, Kapuzinerkresse, Löwenzahn, Malven, Ringelblume, Rosenblüten, Stiefmütterchen, wilde Schafgarbe, Stockrosen, Schlüsselblume, Veilchen, Weißdorn, Nelken, Salbei, Schnittlauch, Rosmarin, Dill, Fenchel, Waldmeister, Lavendel, Borretsch, Minze, Oregano etc. Die Blüten an einem trockenen Tag, am besten, wenn die Knospen gerade aufgegangen sind, sammeln. Nur die Blütenblätter, keine grünen Teile nehmen. Lange, schmale Blütenblätter, z.B. von der Ringelblume, werden am besten gezupft. Auf Stoff ausgebreitet an einem warmen Ort, aber nicht in der prallen Sonne, trocknen. (Siehe auch Seite 8 ff.)

GEMÜSE

LAUCH • MÖHREN • PILZE • ROTE BETE • SELLERIE • TOMATEN • ZUCCHINI

Roh, gekocht, im Dampf gegart – die gesunde Gemüsevielfalt lässt sich auf mancherlei Art genießen. Erweitern Sie das kulinarische Repertoire noch um eine weitere Version: Konservieren und intensivieren Sie den Geschmack durch Trocknen. Knackige Sellerie- oder Tomatenkörnchen, krosse Rote-Bete-Chips oder würziges Karottenpulver sorgen für ganz neue Geschmackserlebnisse.

ANTIPASTI-PULVER

Für den ersten Hunger zum Aperitif

Die letzten Handgriffe in der Küche müssen noch getan werden und die ersten Gäste treffen schon ein. Da sind getrocknete Antipasti in Pulverform der ideale Opener: Einfach frisches Brot zuerst in Olivenöl dippen und dann mit dem bunten Pulver aromatisieren.

ZUTATEN
Olivenöl
Brot

Tomaten-Rosmarin-Pulver
2 Teile Tomaten, 2 Teile Rosmarin, 1 Teil Semmelbrösel, Salz

Rote-Bete-Meerrettich-Pulver
4 Teile Rote Bete, 1 Teil frischer geriebener Meerrettich oder 3 Teile Meerrettichpulver

Waldpilz-Pulver
4 Teile Waldpilze, 1 Teil Pastinaken, 1 Teil Topinambur, getrockneter, gemahlener Knoblauch, etwas Oregano, Salz, Pfeffer

Karotten-Orangen-Pulver
4 Teile Karotten, 3 Streifen Orangenschale, 2 gemahlene Ingwerblätter pro EL Karottenpulver, Salz

Porree-Apfel-Pulver
1 Teil Porree, 3 Teile Apfelschalen, 1 Teil Sellerie, Salz, etwas Zitronenthymian, frisch gemahlene rosa Pfefferbeeren

Minze-Pflaumen-Pulver
3 Teile getrocknete, gemahlene Minze, 1 Teil Pflaumen, Puderzucker

Eingelegte Cherrytomaten
3 Cherrytomaten (natur oder in Öl), zum Einlegen: 1 Teil Essig, 2 Teile Weißwein, 8 Teile Wasser, etwas Zucker

ZUBEREITUNGSZEIT: 25–30 Minuten

1 Für die verschiedenen Antipasti-Pulver die Zutaten frisch mahlen oder aus dem Vorrat verwenden. Pflaumenscheiben werden schnell feucht, deshalb sollte man darauf achten, dass sie wirklich trocken sind, damit sie gemahlen werden können. Die Pulversorten mischen und mit den jeweiligen Gewürzen abschmecken. Die Gewürze erst kurz vor dem Mischen zerkleinern.

2 Zum Mahlen eignen sich ein Mörser oder eine Kaffeemühle. Die Zutaten zusammen mahlen oder mörsern, damit sie sich gut vermischen.

3 Ein Probestückchen Brot mit Olivenöl bestreichen und mit etwas Pulver bestreuen. Ist der Geschmack zu intensiv, die Pulvermischung mit Semmelbröseln strecken. Die Semmelbrösel müssen genauso fein gemahlen sein wie alle übrigen Zutaten.

4 Für die Cherrytomaten Essig, Weißwein, Wasser und Zucker zum Kochen bringen. Die Tomaten zugeben, 5 Minuten darin ziehen und anschließend im Sieb abtropfen lassen. Die Tomaten mit Olivenöl bedeckt im Schraubglas aufbewahren.

TIPP
Zu den Antipasti-Pulvern passen auch sehr gut getrocknete Erdbeerscheibchen mit getrockneter, frisch gemahlener Minze abgeschmeckt.

RED-SNAPPER-FILET MIT PORREE-APFEL-PULVER

Davon werden Ihre Gäste begeistert sein!

Schonend im Dampf gegarte Fischwürfel vom Red-Snapper-Filet werden mit dem Pulver aus Apfel, Porree und Ingwer aromatisiert. Mit Honig-Limonen-Saft und pikantem Chiliöl gerät man bei diesem Gericht unweigerlich ins Schwärmen. Der Clou: Hier darf der Gast am Tisch mitarbeiten. Wie das geht, verrät Ihnen das folgende Rezept.

ZUTATEN FÜR 4 PERSONEN

600 g Red-Snapper-Filet
Salz
Saft von 1 Zitrone
5 g getrocknete Ingwerscheiben
4 TL rote Pfefferbeeren
4 EL Porreepulver
4 EL Apfelschalenpulver
10 Mandeln
ca. 40 ml flüssiger Honig
15 ml Limonensaft
100 ml naturtrüber Apfelsaft
1 Schuss Cognac
80 ml Chiliöl (ersatzweise Olivenöl mit 1 kleinen, gemahlenen Chilischote)
20 g getrocknete Apfelscheiben

ZUBEREITUNGSZEIT: 30 Minuten

1 Den Fisch in große Würfel schneiden, salzen und mit dem Saft der Zitrone beträufeln.

2 Die Ingwerscheiben in sehr feine Streifen schneiden. Die Pfefferbeeren mahlen und mit Ingwerstreifen sowie Porree- und Apfelschalenpulver mischen. Die Mandeln kurz in kochendes Wasser legen, danach häuten, grob hacken und in einer Pfanne ohne Fett rösten. Die Hälfte der gerösteten Mandeln durch eine Mandelmühle drehen.

3 Die Fischwürfel im Dampfgarer oder in einem Topf mit Dampfeinsatz ca. 5 Minuten garen. Währenddessen den Honig mit Limonensaft, Apfelsaft und Cognac kurz aufkochen. Das Chiliöl ebenfalls erwärmen. Die Apfelscheiben kurz in den Saft legen und gleich wieder herausnehmen.

4 Den Red Snapper mit dem warmen Chiliöl und dem Honig-Limonen-Saft auf einem Stövchen servieren. Die Äpfel mit den Mandeln auf einem Teller anrichten.

5 Nun kann jeder sein Essen selbst zubereiten: Die Fischwürfel werden zunächst mit heißem Saft, dann mit heißem Chiliöl beträufelt. Abschließend das Apfel-Porree-Pulvergemisch über die Fischwürfel streuen. Natürlich kann dieses Gericht auch in der Küche auf Tellern angerichtet und serviert werden.

GARNELEN MIT ZUCCHINI

Ein geschmackvolles und köstliches Paar

Zart schmeckende frische Zucchini erleben durch das Trocknen eine faszinierende Verwandlung: Intensiv im Geschmack ist das getrocknete und eingelegte Gemüse ein Highlight auf jedem Vorspeisen-Buffet. Hier werden gebratene Gambas mit Limette und Ingwer aromatisiert und von den köstlichen Zucchinischeiben begleitet.

ZUTATEN FÜR 4 PERSONEN

1/8 l Gemüsefond
2 mittelgroße getrocknete Zucchinischeiben (siehe Seite 19)
8 mittelgroße Garnelen oder 300 g kleinere Scampi
Salz, Pfeffer
Saft von 1 Zitrone
1 Stück frischer Ingwer (ca. 2 cm)
3 EL Olivenöl
Schale und Saft von 1 unbehandelten Limette
2 kleine Chilischoten
1/2 Bund Koriander
1/2 Bund Minze
Sojasauce

ZUBEREITUNGSZEIT: 20 Minuten
EINWEICHZEIT: ca. 2 Stunden

1 Den Gemüsefond leicht erwärmen, die Zucchinischeiben darin wenden und ca. 2 Stunden ziehen lassen. Sie sollten in ihrer Konsistenz nicht zu weich werden, sondern bissfest bleiben, deshalb zwischendurch testen.

2 Von den Garnelen die Schalen, den Kopf und den Darm entfernen. Die Garnelen salzen, pfeffern und mit Zitronensaft beträufeln. Den Ingwer reiben. In einer Pfanne das Olivenöl erhitzen, die Garnelen mit Ingwer und Limettenschale etwa 2 Minuten braten. Die Garnelen aus der Pfanne nehmen.

3 Den Bratensatz mit Limettensaft ablöschen. Die Zucchini in einem Sieb abtropfen lassen und den aufgefangenen Gemüsefond in die noch heiße Pfanne geben. Etwas Öl unterrühren.

4 Die Chilischoten von den Kernen befreien, in feine Streifen schneiden und mit den Zucchinischeiben und den Garnelen in den Fond geben. Koriander- und Minzeblätter hacken.

5 Zucchini und Garnelen auf Tellern anrichten, mit gehacktem Koriander und Minze dekorieren. Mit etwas Sojasauce beträufeln.

SELLERIE

Mehr als nur ein Suppengemüse

Eine Sellerieknolle ist vielseitig einsetzbar: Getrocknet sind die filigranen und federleichten Scheiben würzige Chips, die gedörrten Raspeln eine leckere Gemüsebeilage und die kleinen, aber kräftigen Körnchen aus dem Ofen knusprige Mini-Croûtons auf einem frischen Salat.

ZUTATEN FÜR 4 PERSONEN

Sellerie-Chips
1 kleine Sellerieknolle
Salz
Muskatnuss

Sellerie-Raspeln
1 Sellerieknolle (ca. 400 g)
100 ml Wasser oder Gemüsefond
etwas Butter
Salz, Pfeffer aus der Mühle
Muskatnuss

Apfel-Sellerie-Salat mit Körnern
1 Sellerieknolle (ca. 400 g)
2 kleine Äpfel
etwas Zitronensaft
2 EL Crème fraîche
2 EL geschlagene Sahne
2 TL Walnussöl
etwas Honig
etwas Salz

ZUBEREITUNGSZEIT: jeweils 10–20 Minuten
TROCKENZEIT: 2,5 Stunden

1 Für die Chips die Sellerieknolle schälen und mit der Schneidemaschine in hauchdünne Scheiben schneiden. In Wasser mit wenig Salz und geriebener Muskatnuss 1 Minute blanchieren. Anschließend bei 60 °C im Backofen (Umluft) auf der Backmatte knapp 2 Stunden trocknen. 10 Minuten vor Ende der Trockenzeit die Temperatur auf 80 °C erhöhen. Die getrockneten Scheiben von der Backmatte nehmen und abkühlen lassen. Sofort genießen oder luftdicht verpackt aufbewahren.

2 Für die Raspeln die Sellerieknolle schälen, grob raspeln, gleichmäßig auf einem Backblech verteilen und bei 70 °C 2,5 Stunden im Backofen trocknen. Anschließend die Raspeln in einer Pfanne in etwas Butter bräunen und mit Wasser oder Gemüsefond ablöschen. Mit Salz, Pfeffer und frisch geriebener Muskatnuss abschmecken.

3 Für den Salat die Sellerieknolle und Äpfel putzen. Die Äpfel und 300 g Sellerie in dünne Scheiben bzw. in Streifen schneiden und mit Zitronensaft beträufeln. Für die Salatsauce Crème fraîche mit Sahne, Walnussöl, Honig und etwas Salz verrühren. Äpfel und Sellerie mit der Salatsauce mischen und kalt stellen. Den restlichen Sellerie in der Küchenmaschine raspeln, gleichmäßig auf einem Backblech verteilen und bei 70 °C 2,5 Stunden im Backofen trocknen. Zwischendurch wenden.

4 Nach dem Trocknen die Raspeln in der Küchenmaschine vorsichtig zu Körnern verarbeiten, anschließend für weitere 20 Minuten bei 70 °C im Backofen trocknen, vom Blech nehmen und abkühlen lassen. Den Apfel-Sellerie-Salat auf Tellern anrichten und kurz vor dem Servieren mit den knusprigen Körnern bestreuen.

MÖHREN-ANTIPASTI

Al-dente-Gemüse für Italien- und Asienfans

Karotten, Möhren, Mohrrüben und Wurzeln – das Allerweltsgemüse hat viele Namen und ist das ganze Jahr verfügbar. Trotzdem lohnt es sich – vor allem für Gartenbesitzer mit unbehandelten Möhren aus eigenem Anbau – die gelben Rüben zu trocknen und Vorräte anzulegen. Das gesunde und leckere Gemüse hat eine bissfeste Struktur und wird nach dem Trocknen al dente gegart. Eine ideale italienische Vorspeise, die auch asiatisch zubereitet und mit Stäbchen serviert werden kann.

ZUTATEN FÜR 4 PERSONEN

125 ml Wasser
1 Rosmarinzweig
Salz
60 g getrocknete Möhrenstreifen
125 ml trockener Weißwein
100 ml Weißweinessig
2 Knoblauchzehen
1 EL Zucker
4 EL Olivenöl
1 Stängel Petersilie
1 Stängel Minze
1 Lorbeerblatt
Salz, Pfeffer
1 Bund Basilikum

ZUBEREITUNGSZEIT: 25 Minuten
MARINIERZEIT: 2 Tage

1 Das Wasser mit dem Rosmarinzweig und etwas Salz erhitzen. Die Möhrenstreifen dazugeben und 5 Minuten ziehen lassen.

2 Den Knoblauch schälen und fein hacken. Wein und Essig mit Knoblauch, Zucker und Olivenöl erhitzen. Petersilie, Lorbeerblatt und Minze hinzufügen, mit Salz und Pfeffer abschmecken und 10 Minuten im geschlossenen Topf ziehen lassen. Den Sud durch ein Sieb gießen und die Flüssigkeit auffangen.

3 Die Basilikumblätter mit den Möhrenstreifen in der Marinade 2 Tage im Kühlschrank ziehen lassen. Danach bei Zimmertemperatur servieren.

AUCH LECKER

Für eine vegetarische Vorspeisenplatte können Sie auch Pastinaken, Topinambur, Sellerie und ähnliche Gemüsesorten auf diese Weise zubereiten.

FILETTÜRMCHEN MIT KAROTTEN

Hochstapler unter Dampf

Feine Filets vom Rind oder Schwein interessant in Szene gesetzt: Mariniert und abwechselnd mit Karotten übereinandergestapelt, gewürzt mit Estragon, Chili und Honig. Die getrockneten Möhren harmonieren auch mit anderen Gewürzen: Aromatisiert mit Ingwer und Koriander erhalten sie eine leicht asiatische Note. Rosmarin und Knoblauch geben ihnen einen mediterranen Touch.

ZUTATEN FÜR 4 PERSONEN

300 g Filet (Schwein oder Rind)
25 g abgezogene Mandeln
2 TL getrockneter Estragon
2 TL Tomatenpulver
1 getrocknete Chilischote
40 g getrocknete Karotten (siehe Seite 23)
300 ml Gemüsefond (ersatzweise Salzwasser)
2 TL Honig
6 EL Geflügelfond
7 EL Olivenöl
Salz
Pfeffer aus der Mühle
10 g getrocknete und eingelegte Tomaten
2 EL weißer Balsamicoessig
4 EL Olivenöl
2 Eigelb

ZUBEREITUNGSZEIT: 50 Minuten

1 Das Fleisch mit der Aufschnittmaschine in sehr dünne Scheiben schneiden. Die Mandeln klein hacken, in einer Pfanne ohne Fett rösten und anschließend in der Küchenmaschine grob mahlen. Den Estragon mahlen, Tomatenpulver aus dem Vorrat verwenden oder aus Körnern (siehe Seite 25) herstellen. Die Chilischote klein hacken. Die Karotten in kaltem Wasser einweichen, danach im Gemüsefond knapp 10 Minuten bissfest garen.

2 Für die Marinade den Honig erwärmen, bis er dünnflüssig ist. Geflügelfond hinzufügen, auf 100 ml einkochen und etwas abkühlen lassen. Mit 3 EL Olivenöl auffüllen, mit Salz und Pfeffer abschmecken.

3 Für die Sauce die Tomaten in einem Sieb abtropfen lassen, klein würfeln und mit Balsamicoessig, dem restlichem Olivenöl und Estragon verrühren. Die Sauce erwärmen und mit dem Eigelb legieren.

4 4 Fleischscheiben auslegen und dünn mit der Marinade bestreichen. Mit Mandeln, Estragon, Tomatenpulver und Chili bestreuen. Karotten darauf verteilen. Mit 1 Scheibe Fleisch abdecken und Vorgang wiederholen, bis alle Zutaten verbraucht sind. Die Fleischstapel im Dampfgarer oder in einem Topf mit Dampfeinsatz 10 Minuten garen. Die Filettürmchen mit der Sauce anrichten.

TIPP

Wenn möglich, das Fleisch schon 2–4 Stunden vor dem Servieren marinieren und würzen. Erst kurz vor der Zubereitung mit den Karotten zu einem Türmchen schichten.

KÄSEKUCHEN MIT KNUSPRIGEN KAROTTENSTREIFEN

Sehr lecker und ein echter Hingucker!

Für diesen außergewöhnlichen Käsekuchen baden die langen Karottenstreifen zunächst im Rote-Bete-Saft. Anschließend trocknen die roten Locken im warmen Ofen, um knusprig gebacken den Kuchen zu zieren. Chili und Ingwer geben den süßen Streifen die passende Schärfe.

ZUTATEN FÜR 1 TARTE (20 CM Ø)
1 große Karotte
½ getrocknete Chilischote
150 ml Rote-Bete-Saft
1 TL frisch geriebener Ingwer
75 g Zucker

Für den Teig
80 g Butterkekse
50 g Butter (Zimmertemperatur)
40 g Marzipanrohmasse
Backpapier

Für die Füllung
2 Eier
200 g Frischkäse (70% Fett)
150 g Crème fraîche
abgeriebene Schale von
¼ unbehandelten Zitrone
5 TL Zitronensaft
1 Prise Salz
30 g Zucker
1 EL Apfelpulver
2 TL Pflaumenpulver

ZUBEREITUNGSZEIT: 50 Minuten
TROCKNUNGSZEIT: 2 Stunden
BACKZEIT: 30 Minuten

1 Die Karotte waschen und mit dem Sparschäler in Streifen schälen. Die Chilischote mahlen und mit Rote-Bete-Saft, Ingwer und Zucker aufkochen. Die Karottenstreifen ca. 2 Minuten darin garen, vom Herd ziehen und 2 Minuten ziehen lassen.

2 Den Backofen auf 60 °C vorheizen. Die Streifen aus dem Saft nehmen, abtropfen lassen und auf einem Gitter über dem Ofenblech verteilen. Ca. 2 Stunden trocknen, dabei zwischendurch wenden.

3 Ein Geschirrtuch auf der Arbeitsfläche ausbreiten und die Kekse auf eine Hälfte des Tuches bröseln. Die andere Hälfte des Tuches darüberlegen und mit dem Nudelholz die Kekse zerkleinern. In eine Schüssel geben, die Butter in Flocken dazugeben und mit der Marzipanrohmasse zu einem Teig kneten. Eine Tarteform mit Backpapier auslegen. Die Keks-Butter-Masse darauf verteilen und einen kleinen Rand formen. Den Backofen auf 170 °C Umluft vorheizen.

4 Für die Füllung die Eier trennen. Das Eigelb mit Frischkäse, Crème fraîche, Abrieb und Saft der Zitrone verrühren. Das Eiweiß mit Salz und Zucker steif schlagen, das Apfel- und Pflaumenpulver unterheben, mit der Käsemasse verrühren und in die Form geben.

5 Den Käsekuchen im Backofen auf mittlerer Schiene ca. 30 Minuten backen. Anschließend aus der Form nehmen und auf dem Gitter abkühlen lassen. Wird der Kuchen sofort gegessen, 5 Minuten vor Ende der Backzeit die getrockneten Karotten in einer feuerfesten Form auf der unteren Schiene in den Backofen stellen. Danach schnell über der Tarte verteilen. Wird der Kuchen später serviert, die Karotten 5 Minuten bei 100 °C im Backofen erwärmen, damit sie schön knusprig sind.

TIPP

Kross getrocknetes Gemüse nimmt aus der Luft Feuchtigkeit auf. Nach einem Tag wird daher der Belag auf dem Kuchen weich sein, dafür aber auch schön saftig.

ROTE-BETE-CHIPS

Knusprige Scheiben in beeindruckender Farbe

Getrocknet kann die Rote Bete in der kulinarischen Welt auf vielfältige Weise genutzt werden: Hauchdünn geschnittene Scheiben lassen sich zu knusprigen Chips trocknen. Zu Pulver gemahlen kann man damit eindrucksvolle, rote Schlieren auf cremig-gelben Kartoffelsuppen ziehen; Saucen und Suppen werden mit dem roten Staub gemischt zartrosa bis dunkelrot gefärbt. Gewürze wie Ingwer, Meerrettich, Lorbeer und Kümmel harmonieren hervorragend mit der erdig schmeckenden Knolle.

ZUTATEN
1 mittelgroße Rote Bete
70 g Zucker
150 ml Rote-Bete-Saft
evtl. 1 TL frisch geriebene Ingwerwurzel
evtl. 1 klein gehackte Chilischote

ZUBEREITUNGSZEIT: 15 Minuten
TROCKENZEIT: 3–4 Stunden

1 Die Knolle waschen, schälen und mit der Aufschnittmaschine in hauchdünne Scheiben schneiden. Den Zucker mit dem Rote-Bete-Saft aufkochen, die dünnen Scheiben in den Sud legen und aufkochen lassen. Wahlweise kann man die Rote Bete mit geriebener Ingwerwurzel oder klein gehackter Chilischote würzen. Nach 1–3 Minuten vom Herd nehmen und im Sud abkühlen lassen.

2 Die Rote Bete durch ein Sieb abgießen und die Scheiben nebeneinander auf ein Drahtgitter oder eine Backmatte legen. Im Backofen bei 70 °C (Umluft) 3–4 Stunden trocknen. 10 Minuten vor Ende der Backzeit die Temperatur auf 100 °C erhöhen.

3 Die fertigen Rote-Bete-Scheiben von der Backmatte nehmen und sofort verzehren oder luftdicht verschlossen aufbewahren.

TIPP
Die Rote-Bete-Chips sind nicht nur wegen ihrer Farbe eine Attraktion auf dem Esstisch, sie schmecken auch vorzüglich. Reichen Sie die hauchdünnen roten Scheibchen zu Salaten und Vorspeisen.

RINDERCARPACCIO MIT ROTE-BETE-SORBET

Die kulinarische rot-rote Koalition

Dieses Gericht bringt rote Farbe in verschiedenen Nuancen auf den Teller. Der italienische Vorspeisenklassiker mit zartem Rinderfilet in einer nicht alltäglichen Kombination mit Roter Bete. Frischer Koriander, Wasabi und Ingwer setzen asiatische Akzente auf den feinen Scheiben. Für alle, die es nicht so scharf mögen, kann das Sorbet mit Sahne zubereitet werden.

ZUTATEN FÜR 4 PERSONEN

200 g Rinderfilet, fett- und sehnenfrei
2 cm Wasabipaste
Salz
Pfeffer aus der Mühle
½ Bund Koriander
2 EL Olivenöl
Frischhaltefolie
Alufolie
250 ml Wasser
40 g Zucker
1 EL Glukose
30 g Rote-Bete-Pulver
(statt Pulver und Wasser ersatzweise 150 ml Rote-Bete-Saft)
110 g eingelegter Sushi-Ingwer
Saft von 1 Zitrone

ZUBEREITUNGSZEIT: 40 Minuten
GEFRIERZEIT RINDERFILET: 24 Stunden
GEFRIERZEIT ROTE BETE: 4 Stunden

1 Für das Carpaccio das Filet dünn mit der Wasabipaste bestreichen und mit Salz und Pfeffer würzen. Die Blätter von 3 Korianderzweigen fein hacken, mit dem Olivenöl mischen und das Filet damit einreiben. Das Fleisch stramm in Frischhaltefolie einrollen und danach in Alufolie wickeln. Die Enden links und rechts wie bei einem Bonbon zusammendrehen.

2 Für das Rote-Bete-Sorbet Wasser mit Zucker und Glukose unter Rühren aufkochen, bis sich der Zucker aufgelöst hat. Abkühlen lassen und das Rote-Bete-Pulver einstreuen. Mit Ingwer und Zitronensaft pürieren.
10 Minuten ziehen lassen und eventuell Wasser nachgeben. Es sollte ein dünnflüssiges Püree entstehen. In eine flache Edelstahlschüssel geben und im Gefrierfach ca. 4 Stunden gefrieren lassen, alle 30 Minuten umrühren.

3 Das Fleisch 10 Minuten vor dem Servieren aus dem Gefrierfach nehmen. Die Folien entfernen. Das Fleisch mit der Aufschnittmaschine in dünne Scheiben schneiden und auf Tellern anrichten. Mit einem Esslöffel Streifen vom Rote-Bete-Sorbet abschaben und auf dem Fleisch verteilen. Mit Korianderblättern dekorieren.

TIPP

Probieren Sie das Rote-Bete-Püree erst, wenn es anfängt zu gefrieren, denn warm schmeckt es zu intensiv. Für eine mildere Variante 4 EL geschlagene Sahne untermischen. Rote-Bete-Körner im Ofen knusprig trocknen und über das Carpaccio streuen.

GEMÜSEMAKRONEN

Pikantes für das Fingerfood-Buffet

Getrocknetes Gemüse in den unterschiedlichsten Größen kann multifunktionell eingesetzt werden. So sind kleine Stückchen aus getrockneten Tomaten, Ingwer oder Chili besonders für schnelle Rezepte geeignet, da sie rasch die Feuchtigkeit aufnehmen. Ofenfrisch serviert, zeichnen sich diese Gemüsemakronen durch eine wunderbar weiche Konsistenz und kräftigen Geschmack aus. Sie bieten sich besonders als delikater Partysnack an.

ZUTATEN FÜR 7 MAKRONEN

1 Eiweiß
Salz
40 g getrocknete Tomaten
30 g getrocknete Wurzelscheiben
9 Blätter getrockneter Ingwer
½ kleine getrocknete Chili
7 Oblatenblätter (50 mm ø)
Sojasauce

ZUBEREITUNGSZEIT: 15 Minuten
BACKZEIT: 15 Minuten

1 Den Backofen auf 180 °C vorheizen.

2 Das Eiweiß mit einer Prise Salz zu Eischnee schlagen.

3 Die getrockneten Tomaten im Mixer zu einer körnigen Masse verarbeiten. Die getrockneten Wurzelscheiben und die Ingwerblätter zwischen den Fingern zerbröseln und die Chilischote mit den Kernen im Mörser mahlen. Die vorbereiteten Zutaten unter den Eischnee heben.

4 Die Masse gleichmäßig auf 7 Oblaten verteilen und auf ein mit Backpapier ausgelegtes Blech setzen. Anschließend 15 Minuten im Backofen auf mittlerer Schiene backen. Mit etwas Sojasauce beträufeln und warm servieren.

PILZ-MÜRBETEIG-KEKSE

Farbenfrohes und aromatisches Gebäck

Gemischt mit Pulver aus getrocknetem Gemüse lassen sich aus Mürbeteig bunte Kekse zaubern. Zum Färben und Aromatisieren eignen sich besonders Pilze, Rote Bete, Petersilie oder Pilze. Das Mehl wird bei der Teigzubereitung etwa zu einem Viertel durch das Pulver ersetzt. Butter kann gegen Margarine oder Schmalz ausgetauscht werden.

ZUTATEN FÜR 4 PERSONEN

8 Scheiben getrocknete Blutorangen
70 g gemischte getrocknete Pilze
180 g Mehl
1 EL getrockneter Thymian
1 EL Fenchelsamen
125 g Butter
1 Eigelb
etwas Wasser

ZUBEREITUNGSZEIT: 40 Minuten
RUHEZEIT: 30 Minuten
BACKZEIT: ca. 20 Minuten

1 Die Orangenscheiben zusammen mit den Pilzen zu Pulver mahlen.

2 Das Mehl in eine Schüssel sieben, Pilz-Orangen-Pulver und Gewürze untermischen, die Butter würfeln und mit dem Eigelb zum Mehl geben. Alles zu einem geschmeidigen Teig verarbeiten, nach und nach etwas Wasser zugeben. Eine Kugel formen und in Folie gewickelt ca. 30 Minuten im Kühlschrank ruhen lassen.

3 Den Backofen auf 180 °C vorheizen. Die Teigkugel in ca. 1 cm dicke Scheiben schneiden, dünn ausrollen und Formen ausstechen.

4 Die Kekse auf ein mit Backpapier ausgelegtes Blech legen und auf mittlerer Einschubhöhe ca. 20 Minuten backen. Rechtzeitig aus dem Ofen nehmen, damit sie nicht zu hart werden. Mit einem Klecks Frischkäse oder Avocadopüree zum Aperitif servieren!

VARIANTEN

Rote-Bete-Kekse
50 g getrocknete und gemahlene Rote Bete mit 150 g Mehl, Salz, 100 g Schweineschmalz, 1 Eigelb und 2–3 EL Rote-Bete-Saft oder Wasser zu einem Teig verkneten.
Mit Meerrettich-Frischkäse und Fisch-chips belegt ein schöner Opener für Gäste.

Petersilien-Kekse
50 g getrocknete und gemahlene Petersilie mit 150 g Mehl, Salz, 120 g Butter, 1 Eigelb, Saft und abgeriebener Schale 1 unbehandelten Zitrone zu einem Teig verkneten.
Schmecken köstlich mit Lachs- oder Thunfischcreme bestrichen und mit rotem Pfeffer bestreut.

TOMATEN

Die Paradiesäpfel: würziger Genuss pur

Tomaten gibt es das ganze Jahr über zu kaufen und auch getrocknet findet man sie im Handel. Trotzdem lohnt es sich, vor allem wenn es in der Saison die reif geernteten, saftigen und aromatischen Früchte gibt, Vorräte anzulegen. Der Vorteil: Selbst getrocknet behalten Tomaten ihre wunderbare rote Farbe und man kann sie anstatt mit Salz auch mit anderen Gewürzen verfeinern. Genießen Sie getrocknete Tomatenscheiben als kleinen Snack zwischendurch; mit krossen Körnern lassen sich intensive Akzente setzen, und Tomatenpulver ist als hocharomatisches Gewürz vielseitig einsetzbar. Versuchen Sie auch mal, aus den eingekochten Früchten eine Tomatenmatte zu trocknen oder aus den Schalen kleine dekorative Förmchen, die sich lecker füllen lassen.

TOMATEN-GEWÜRZ-BROT

Ideale Travellerkost ohne Belag

Hefeteige müssen ruhen – und das kann dauern. Zum Aufgehen benötigen sie mindestens 35 Minuten oder auch schon mal 24 Stunden. Für das Tomatenbrot sind eine 45-minütige Ruhezeit und ein ebenso langer Aufenthalt im Backofen ideal. In dieser Zeit verbindet sich der Geschmack sonnengereifter Tomaten mit dem Aroma kräftiger Gewürze. Für dieses Brot ist jeglicher Belag überflüssig.

ZUTATEN

1 TL Kreuzkümmel
2 TL Fenchelsamen
2 TL rote Pfefferbeeren
2 TL Zimtpulver
2 TL Koriandersamen
1 TL geriebene Muskatnuss
1 TL Pfeffer
100 g getrocknete, eingelegte Tomaten
500 g Mehl
1 EL Salz
20 g frische Hefe
325 ml Wasser
1 EL Zucker

ZUBEREITUNGSZEIT: 40 Minuten
RUHEZEIT: 45 Minuten
BACKZEIT: 45 Minuten

1 Für die Gewürzmischung die Gewürze in einem Mörser mahlen und 4 g davon für die Brote verwenden. (Den Rest für Fisch- oder Huhngerichte verwenden).

2 Die Tomaten aus dem Öl nehmen, abtropfen lassen und in Streifen schneiden.

3 Für den Teig das Mehl in eine Schüssel sieben und mit der Gewürzmischung und dem Salz mischen. In die Mitte eine Mulde drücken. Die Hefe in lauwarmes Wasser krümeln, den Zucker hinzufügen und so lange rühren, bis sich Hefe und Zucker aufgelöst haben. Hefelösung in die Mulde gießen und von der Mitte aus mit dem Mehl mischen. Mit den Tomatenstreifen zu einem geschmeidigen Teig verarbeiten. Den Teig zur Kugel formen und zugedeckt an einem warmen Ort ca. 45 Minuten gehen lassen, bis sich das Volumen verdoppelt hat. Gegangenen Teig noch einmal kräftig durchkneten.

4 Den Backofen auf 230 °C vorheizen. Den Teig in 2 Portionen teilen und zu Brotlaiben formen. Ein Backblech mit Backpapier auslegen, Brotlaibe daraufsetzen und ca. 45 Minuten backen. Anschließend die Brote auf einem Gitter auskühlen lassen.

KLEINER BACKTIPP

Eine kleine ofenfeste Form mit heißem Wasser in den Backofen stellen. Dann wird das Brot noch saftiger.

TOMATEN-BROT-SUPPE

Eine wohlschmeckende Resteverwertung

Für getrocknetes Brot muss weder der Backofen noch ein Dörrgerät angestellt werden, denn solche Reste sammeln sich regelmäßig von alleine an.
Auch wer mit Brotsuppe vielleicht eher "Arme-Leute-Essen" assoziiert: Diese Variante schmeckt einfach köstlich und wird auch Ihre Gäste bei der nächsten Party begeistern.

ZUTATEN FÜR 6–8 PERSONEN

4 Knoblauchzehen
180 ml Olivenöl
4 kg reife Tomaten (oder 2 kg Dosentomaten)
180 ml Olivenöl
Tomatensalz
Pfeffer aus der Mühle
ca. 500 g altbackenes Weißbrot (Ciabatta)
1 großes Bund Basilikum

ZUBEREITUNGSZEIT: 50 Minuten

1 Die Knoblauchzehen in dünne Scheiben schneiden und bei mäßiger Hitze in etwas Olivenöl anbraten. Die Tomaten waschen und vierteln, dazugeben und 30 Minuten bei großer Hitze einkochen lassen. Mit Tomatensalz und Pfeffer aus der Mühle würzen. 600 ml Wasser zugeben und erneut aufkochen lassen.

2 Das Weißbrot nach Möglichkeit entrinden und in Würfel schneiden. Zur Suppe geben, leise köcheln lassen, bis alle Brotstücke mit Flüssigkeit vollgesogen sind. Nach Bedarf noch etwas Wasser zugeben. Basilikum grob hacken, 2/3 davon zur Suppe geben, mit Tomatensalz und Pfeffer abschmecken.

3 Die Tomaten-Brot-Suppe beim Servieren mit etwas Olivenöl abrunden und mit dem restlichen Basilikum garnieren.

TOMATENSALZ

70 g sehr reife Tomaten enthäuten, vierteln, die Kerne entfernen, das Fruchtfleisch sehr klein schneiden und auf Küchenkrepp abtropfen lassen. Mit 50 g grobem Meersalz vermischen und abgedeckt 2 Tage stehen lassen. Danach bei 150 °C im Backofen (die Türe einen Spalt geöffnet lassen) dörren, bis die Mischung völlig trocken ist. Im Mörser zerstoßen und in einem möglichst dunklen Glas luftdicht aufbewahren.

JAKOBSMUSCHELN IN TOMATENSCHALE

Meeresfrüchte raffiniert serviert

Tomaten lassen sich leicht häuten: Schale über Kreuz einritzen, mit heißem Wasser überbrühen und die Haut abziehen. Versuchen Sie mal, die Tomatenhaut in zwei Hälften abzulösen, sodass zwei kleine Schalen entstehen. Mit etwas Chili gewürzt, werden sie im Ofen getrocknet und können beliebig gefüllt werden. Zum Beispiel mit Jakobsmuscheln; sie passen genau hinein und werden hier in 3 Varianten – mit Salbei, Vanille und Zitronengras – serviert.

ZUTATEN FÜR 4 PERSONEN

12 ausgelöste Jakobsmuscheln
Saft von 1 Zitrone
ca. 150 ml Olivenöl
Salz, Pfeffer
Pergamentpapier
etwas Butter
20 Salbeiblätter
1 Vanilleschote
20 grüne Pfefferkörner
abgeriebene Schale von 1 unbehandelten Zitrone
3 Stängel Zitronengras
1 EL Limonensaft

ZUBEREITUNGSZEIT: 35 Minuten
MARINIERZEIT: 30 Minuten

1 Für die erste Variante 4 Jakobsmuscheln mit etwas Zitronensaft und mit ein wenig Olivenöl beträufeln. Mit Salz und Pfeffer würzen. Ein ausreichend großes Stück Pergamentpapier mit Butter bestreichen, darauf die Muscheln mit Salbeiblättern eng aneinanderlegen, einwickeln und 30 Minuten marinieren.

2 Für die zweite Variante die Vanilleschote längs halbieren, das Mark herausschaben und die Pfefferkörner grob mahlen. Etwas Zitronensaft mit 60 ml Olivenöl und dem Zitronenabrieb verrühren, Vanillemark und gemahlenen Pfeffer hinzufügen. 4 Jacobsmuscheln 30 Minuten darin marinieren.

3 Für die dritte Variante die Zitronengrasstängel fein hacken. Mit dem restlichen Zitronensaft in einem Topf kurz ziehen lassen, 80 ml Olivenöl zugeben und auf kleinster Flamme erhitzen. Anschließend 15 Minuten abkühlen lassen und durch ein Sieb abgießen. Aufgefangene Flüssigkeit mit 1 EL Limonensaft und Salz verrühren. Die restlichen Muscheln hineinlegen und 15 Minuten ziehen lassen.

4 Den Grill vorheizen, alle Muscheln nach Geschmacksrichtung sortiert in kleine ofenfeste Formen legen, auf das Backblech stellen und auf der obersten Schiene ca. 5 Minuten grillen. Die Jakobsmuscheln in getrockneten Tomatenschalen anrichten.

TOMATE-MOZZARELLA MIT BASILIKUMÖL

Ein Genuss für alle Sinne

Ein Trio, das sich durch geschmackliche Harmonie auszeichnet: Dem Mozzarella bekommt das würzige Aroma getrockneter Tomaten ganz ausgezeichnet und beträufelt mit gut durchgezogenem Basilikumöl erhält der Käse auch optisch einen kräftigen Akzent. Als Alternative zum Basilikum-Öl kann man auch frische oder getrocknete Blätter und Olivenöl verwenden.

ZUTATEN FÜR 4 PERSONEN
2 Kugeln Mozzarella
6 EL Basilikumöl
etwas weißer Balsamicoessig
Meersalz
Pfeffer aus der Mühle
Tomatenpulver nach Belieben

ZUBEREITUNGSZEIT: 5–10 Minuten (mit fertigen Zutaten)

1 Die Mozzarella-Kugeln zerpflücken und auf 4 Tellern verteilen. Basilikumöl und etwas Balsamicoessig darüberträufeln. Mit Meersalz und Pfeffer bestreuen.

2 Das Tomatenpulver in einer kleinen Schüssel separat dazu reichen. Im Idealfall haben Sie immer ein Fläschchen mit Tomatenpulver im Gebrauch. Schnell hergestellt ist es aber auch aus Körnern (siehe Seite 25), die Sie einfach vor Gebrauch in der Küchenmaschine oder in der Kaffeemühle mahlen.

BASILIKUMÖL

Das Basilikumöl etwa 2 Monate im Voraus herstellen. Dafür die Blätter von einem großen Bund Basilikum von den Zweigen zupfen. Mit etwas Salz und Olivenöl schichtweise in ein großes, verschließbares Schraubglas geben, bis alle Blätter bedeckt sind. Das verschlossene Glas 2 Monate an einen dunklen Ort stellen. Regelmäßig kontrollieren, ob alle Blätter mit Öl bedeckt sind, eventuell das Glas auf den Kopf stellen. Danach das Öl durch Gaze gießen und in eine dunkle Flasche füllen.

EIS IN TOMATENMATTE

Neue Eiszeit für die heißen Tage

In Tomatenmatten lassen sich nicht nur zarte Fischfilets einrollen, auch für ausgefallene Dessertkreationen bietet sich die dekorative Matte an. Hier umschließen die sehr dünnen Blätter von der Tomate erfrischendes Eis. Für die Premiere können die Eiskugeln allerdings auch mit Streifen von der köstlichen Matte belegt werden.

ZUTATEN FÜR 4 PERSONEN
2 kg Tomaten
2 EL Zucker
1 kleine getrocknete Chilischote
1 EL Olivenöl
einige Spritzer Limonensaft
1 EL rote Pfefferbeeren
1–2 TL Meersalz
8 Kugeln Limonen-, Grapefruit- oder Zitroneneis
1 EL Pistazienkerne
1 EL Tomatenkörner (siehe Seite 25)
etwas Minze- oder Basilikumpulver

ZUBEREITUNGSZEIT
TOMATENMATTE: 70 Minuten
TROCKENZEIT: 3 Tage
ZUBEREITUNGSZEIT: 15 Minuten

1 Die Tomatenmatte mindestens 3 Tage im Voraus herstellen. Dafür die Tomaten putzen, waschen, vierteln und die grünen Stilansätze entfernen.

2 Zucker in einem Topf karamellisieren, die Tomatenviertel zugeben und ständig rühren. Eventuell etwas Wasser hinzufügen, damit der Karamell nicht anbrennt. Ca. 20 Minuten unter Rühren garen, die Stücke mit dem Holzlöffel gründlich zerdrücken.

3 Die Tomatenmasse durch ein grobes Sieb passieren. Die aufgefangene Flüssigkeit erhitzen, die Chilischote mahlen und hinzufügen. Mit Olivenöl, etwas Limonensaft, Pfefferbeeren und Salz abschmecken. Die Masse weitere 30 Minuten zu einem dicklichen Püree einkochen und anschließend sehr dünn auf 2 Backmatten (30 x 40 cm) ausstreichen und trocknen lassen.

4 Die Pistazienkerne hacken und in einer Pfanne ohne Fett rösten.

5 Pro Portion 2 Eiskugeln auf ein ausreichend großes Stück Tomatenmatte setzen und einwickeln. Alternativ in Streifen geschnittene Tomatenmatte auf den Eiskugeln verteilen. Mit Pistazien- oder Tomatenkörnern bestreuen. Ein paar Tropfen Limonensaft und Minze- oder Basilikumpulver auf das Eis geben.

PILZE

Würziges aus dem Wald

Passionierte Pilzesammler wissen, dass sich alle Pilzarten hervorragend zum Trocknen eignen, besonders aromatisch sind Steinpilze, Morcheln und Rotkappen. Der kräftige Geschmack macht die im Ganzen oder scheibchenweise getrockneten Pilze zu einer wunderbaren Würze für viele Gerichte.
Vor der Zubereitung müssen sie in jedem Fall in ein wenig lauwarmem Wasser eingeweicht werden, das dann ebenfalls (durch ein Tuch oder Filterpapier gegossen) für Saucen und Suppen mitverwendet werden kann.
Besonders aromatisch und vielseitig einsetzbar ist Pilzpulver. Es würzt eine schnelle Pasta oder auch Kartoffelpüree; mit etwas Öl verrührt, ist es ein leckerer kleiner Aufstrich für geröstetes Brot, das nicht nur zum Aperitif schmeckt.

CHAMPIGNON-PESTO

Eine Innovation für die Pasta-Küche

Aus getrockneten Pilzen lässt sich ein aromatisches Pulver mit hoher Würzkraft herstellen. Es eignet sich hervorragend zum Abschmecken von Suppen und Saucen oder für die Zubereitung eines kräftigen Pestos. Mit Erdnusspaste, Ahornsirup und Orange ist diese Kreation eine willkommene Abwechslung für die Pasta-Küche oder ein köstlicher vegetarischer Brotaufstrich.

ZUTATEN FÜR 4 PERSONEN

60 g ausgelöste Erdnüsse
30 g getrocknete Champignons
20 g getrocknete Mischpilze
200 ml Wasser
1 TL grüner Pfeffer
ca. 3 EL Olivenöl
Salz
1–2 TL Erdnusscreme (Glas)
Saft und abgeriebene Schale 1 unbehandelten Orange
ca. 1 TL Ahornsirup
1–2 TL Balsamicoessig
50 g Parmesan
Pfeffer

ZUBEREITUNGSZEIT: 50 Minuten

1 Von den Erdnüssen die Haut entfernen. Die Nüsse klein hacken und ohne Fett in einer Pfanne rösten. Danach im Mörser zerstoßen und zu einer Paste verarbeiten, solange die Nüsse noch warm sind.

2 Die getrockneten Champignons in der Kaffeemühle fein mahlen und in eine kleine Schüssel geben. Die Mischpilze mit 200 ml Wasser aufkochen. Den grünen Pfeffer im Mörser zerstoßen und mit ½ EL Olivenöl und Salz in die Pilzflüssigkeit geben. Zur Seite stellen und abkühlen lassen.

3 Champignonpulver mit 80 ml Pilzwasser, Erdnusspaste und Erdnusscreme mischen. Mit Orangensaft- und schale abschmecken. Olivenöl, Ahornsirup und Balsamicoessig hinzufügen. Den Parmesan reiben und untermischen. Mit Pfeffer und Salz abschmecken. Mindestens 1 Tag im Kühlschrank abgedeckt ziehen lassen danach erneut abschmecken. Als Pesto für Pasta oder als Brotaufstrich verwenden.

TIPP

Pilzpulver eignet sich wunderbar zum Würzen und Abbinden von vielen Gerichten und Saucen. Für den täglichen Bedarf eine Mischung aus 25 g gemahlenen Champignons, 40 g Steinpilzen und 20 g Totentrompeten herstellen und in einem Schraubglas aufbewahren.

STEINPILZ-MANGO-FLAMMKUCHEN MIT ROSMARIN

Ein kulinarisches Spiel der Aromen

Ein Flammkuchen mit hocharomatischem Belag: Edle Steinpilze in Kombination mit fruchtiger Mango und grünem Pfeffer machen diesen Edel-Fladen zu einem einzigartigen Geschmackserlebnis. Es lohnt sich, einen Vorrat an getrockneten Steinpilzen anzulegen!

ZUTATEN FÜR 4 PERSONEN

80 g dünne getrocknete Steinpilzscheiben
200 g Fertigpizzateig
2 TL frische Rosmarinnadeln
100 g Crème fraîche
50 g getrocknete Mangostreifen
Saft von 1 Orange
15 g Berberitzen
2 EL Olivenöl
Salz
1 TL grüner Pfeffer
10–20 Blätter Rucola
etwas frischer Parmesan
Chilistreifen

ZUBEREITUNGSZEIT: 40 Minuten
BACKZEIT: ca. 15 Minuten

1 60 g getrocknete Steinpilze in einer flachen Form ausbreiten und mit heißem Wasser knapp bedecken, da sonst das Aroma der Pilze verloren geht. Die Scheiben nach ca. 10 Minuten wenden. Je nach Dicke die Pilze 10–30 Minuten einweichen.

2 Den fertigen Pizzateig auf dem Backblech ausbreiten und 15 Minuten bei 50 °C im Ofen ruhen lassen. Das Backblech mit dem Teig aus dem Ofen nehmen. Den Ofen auf 230 °C vorheizen.

3 Die restlichen Steinpilzscheiben mit 1 TL Rosmarinnadeln in der Kaffeemühle fein mahlen und unter die Crème fraîche rühren. Die getrockneten Mangostreifen mit den restlichen Rosmarinnadeln in der Küchenmaschine zerkleinern. Die Mango-Rosmarin-Mischung mit dem Orangensaft erwärmen.

4 Die Berberitzen hacken und in wenig heißem Wasser einweichen.

5 Den Teig auf einer bemehlten Arbeitsfläche sehr dünn ausrollen. Mit Olivenöl einpinseln und mit Salz bestreuen. Die Steinpilz-Crème-fraîche-Masse, die Mango-Rosmarin-Mischung und die Berberitzen auf dem Teig verteilen. Die eingeweichten Steinpilzscheiben darauf legen und mit frisch gemahlenem grünem Pfeffer bestreuen.

6 Den Backofen auf 230 °C vorheizen. Den Flammkuchen ca. 15 Minuten auf mittlerer Schiene backen, bis der Teig gut gebräunt ist. Rucola waschen und kurz vor Ende der Backzeit die Blätter auf dem Flammkuchen verteilen. Nach Belieben mit gehobeltem Parmesan und Chilistreifen bestreuen. Sofort servieren.

PILZNOCKEN MIT DATTELN IN WILDCONSOMMÉ

Ein Süppchen mit einzigartigem Aroma

Das kräftige Aroma erdig schmeckender Pilze dürfte sowohl Vegetariern gefallen – für sie kann der Wildfond auch gut durch Gemüsebrühe ersetzt werden – als auch Fleischfans überzeugen.

ZUTATEN FÜR 4 PERSONEN

Für die Consommé

2 Schalotten
30 g getrocknete Mischpilze
1 EL Butter
1 Schuss Rotwein
150 ml Wasser
1 Glas Portwein
400 ml Wildfond (aus dem Glas)
Salz, Pfeffer
1 Eiweiß

Für die Nocken

100 g Datteln
1 EL Ahornsirup
1 kleine Chili
125 ml Wasser
1 EL Cognac
70 g trockenes Weißbrot
30 g trockenes Schwarzbrot
125 ml Milch
30 g getrocknete Mischpilze
5 getrocknete Limonenblätter
30 g Sesam
2 TL Koriandersamen
½ TL weiße Pfefferkörner
60 g weiche Butter
3 Eier
250 g Quark (20% Fett)
100 g Quark (40% Fett)
1 Bund frischer Koriander
50 g Mehl

ZUBEREITUNGSZEIT:
90 Minuten

1 Für die Consommé die Schalotten häuten und fein hacken. Die getrockneten Mischpilze im Mixer zerkleinern. Die Butter erhitzen und die Schalotten darin glasig dünsten. Mit Rotwein ablöschen. Die zerkleinerten Pilze unterrühren und nach und nach das Wasser unter Rühren dazugießen. Zur Seite stellen und die Pilze gut durchziehen lassen.

2 Für die Nocken die Datteln entsteinen, grob hacken und mit dem Ahornsirup kurz erhitzen. Die Chili mahlen und unterrühren. Das Wasser hinzufügen und einmal aufkochen. Den Cognac dazugeben und den Topf vom Feuer nehmen. Die Früchte sollen die ganze Flüssigkeit aufsaugen, damit sie schön weich werden.

3 Das trockene Weiß- und Schwarzbrot im Mixer grob mahlen und in eine Schüssel geben. Die Milch leicht erwärmen und über das Brot gießen.

4 Die getrockneten Pilze im Mixer fein mahlen. Die Limonenblätter ebenfalls im Mixer sehr fein mahlen. Sesam, Koriandersamen und weiße Pfefferkörner in einer Pfanne ohne Fett rösten und anschließend im Mörser fein mahlen. Mit den gemahlenen Limonenblättern und Pilzen mischen

5 Die weiche Butter mit den Eiern und dem Quark verrühren. Das eingeweichte Brot, die Datteln und die Pilzmischung dazugeben. Den Koriander hacken. Das Mehl sieben und mit dem Koriander unter die Masse rühren. Es muss eine feste Masse entstehen, die nicht vom Löffel gleitet. Falls nötig, mit Milch oder Mehl korrigieren.

6 Für die Consommé die eingeweichten Pilze zum Kochen bringen. Den Portwein zugeben und mit dem Wildfond aufgießen. Aufkochen lassen und mit Salz und Pfeffer abschmecken. Warm halten.

7 Für die Nocken in einem großen Topf reichlich Salzwasser oder Brühe erhitzen. Mit 2 Esslöffeln Nocken formen und vorsichtig darin 10 Minuten ziehen lassen, bis sie an die Wasseroberfläche steigen.

8 Währenddessen die Consommé mit einem Eiweiß aufkochen, durch ein Tuch passieren und noch einmal erhitzen. Mit den Nocken in vorgewärmten Suppentellern servieren.

PILZ-TOMATEN-QUICHES

Das schmeckt nach Sommer!

Die sonnengereiften, getrockneten Tomaten geben dem leichten Geschmack von Champignons Kraft. Mit Estragon gewürzt, entsteht ein herrlich rundes, harmonisches Törtchen. Da fertig getrocknete und eingelegte Tomaten häufig sehr stark gesalzen sind, lohnt es sich, im Sommer frische Tomaten selbst zu trocknen und einzulegen.

ZUTATEN FÜR 4 PERSONEN
80 g getrocknete Champignons
30 g getrocknete Äpfel
40 g Pilzbutter oder 1–2 EL Olivenöl
2 Zweige Estragon
70 g eingelegte, getrocknete Tomaten
40 g Parmesan
180 g Crème fraîche
3 Eier
Butter
Salz, Pfeffer aus der Mühle

ZUBEREITUNGSZEIT: 30 Minuten
BACKZEIT: 20 Minuten

1 Die Champignons mit dem Stabmixer zu Bröseln zerkleinern, dabei darauf achten, dass kein Pulver daraus wird. Mit warmem Wasser beträufeln, sodass die Pilzbrösel durchfeuchtet sind. Mit den getrockneten Äpfeln ebenso verfahren.

2 Die zerkleinerten Champignons in einer Pfanne bei mittlerer Hitze ohne Fett bräunen. Anschließend in Pilzbutter oder in Olivenöl leicht anbraten. Mit Salz und Pfeffer abschmecken. Die Blätter von den Estragonzweigen zupfen und hinzufügen.

3 Die eingelegten Tomaten abgießen, klein schneiden und zu den Pilzen geben.

4 Den Backofen auf 160 °C vorheizen. Den Parmesan reiben und mit Crème fraîche und den Eiern verrühren. Mit Pfeffer würzen. Die Apfel-Pilz-Mischung unterrühren. Die Masse in kleine, gebutterte Förmchen geben und 20 Minuten im Ofen stocken lassen.

5 Als Abschluss kann man eine Mischung aus Pilzbutter, getrocknetem Estragon und groben, knusprig gebratenen Schwarzbrotbröseln auf die Quiches geben.

EXTRA-DRY-TÜTENSUPPEN

Aromatischer Instant-Genuss aus dem Trockenvorrat

Getrocknete Fertigsuppen gibt es in unzähligen Varianten und Geschmacksrichtungen zu kaufen. Sie fehlen in keinem Vorratsschrank und sind besonders beliebt bei Singles und allen, die wenig Zeit oder auch mal keine Lust haben, was Aufwendiges zu kochen. Schnell und preiswert zubereitet sind sie, auch für den kleinen Hunger zwischendurch, eine beliebte warme Alternative zum belegten Brötchen. Geschmacklich allerdings sind sie nicht unbedingt immer die erste Wahl.
Ganz anders dagegen die Extra-dry-Tütensuppe „à la casa". Aus selbst getrockneten verschiedenen Gemüsesorten und Kräutern, raffiniert gemischt und zu würzigem Pulver gemahlen, lassen sich in 10 Minuten Suppen zubereiten, die genauso köstlich wie und vielleicht noch aromatischer schmecken, als aus frischen Zutaten gekocht. Es lohnt sich also, einen Vorrat an getrocknetem Gemüse anzulegen!

GEMÜSECONSOMMÉ

Magenwärmer für Eilige

Nicht nur klassisches Suppengemüse wie Karotte, Sellerie und Lauch kommen für die Zubereitung dieser Consommé zum Einsatz: Der bunte Fächer der getrockneten und gemahlenen Gemüsesorten, Kräuter und Gewürze aus dem Vorrat garantiert gehaltvollen und kräftigen Geschmack. Damit ist die Suppe in 10 Minuten fertig, mit frischen Zutaten würde es 90 Minuten dauern. Der Geschmack ist der gleiche!

ZUTATEN FÜR 2 PERSONEN

20 g Butter
2 EL Zwiebelpulver
50 ml Rot-, Weiß- oder Portwein
1 gehäufter TL Salz
3 EL Selleriepulver
2 EL Tomatenpulver (aus gesalzenen Dörrtomaten)
2 EL Karottenpulver
1 EL Topinamburpulver
1 EL Pastinakenpulver
2 EL Selleriepulver
1 TL Bleichselleriepulver
1 EL Porreepulver
1 EL Rote-Bete-Pulver
2 Lorbeerblätter, grob zerbröselt
1 Nelke, im Mörser gemahlen
2 zerdrückte Wacholderbeeren
1 TL Rosmarin, frisch gemahlen
1 TL Thymian, frisch gemahlen
1 TL bunter Pfeffer, frisch gemahlen
jeweils 1 Prise Paprika, Cayennepfeffer und Muskat
1000 ml Wasser

ZUBEREITUNGSZEIT: 10–15 Minuten

1 Die Butter in einem Topf erhitzen und das Zwiebelpulver unter Rühren darin leicht bräunen. Mit Wein oder Portwein ablöschen. Das Salz und nacheinander alle Gemüsepulver und die Gewürze zugeben. Das Wasser angießen, aufkochen lassen und gelegentlich umrühren. 10 Minuten köcheln lassen.

2 Die sehr dickflüssige Suppe anschließend durch ein grobes Sieb streichen und die Flüssigkeit auffangen. Eventuell noch etwas Wasser hinzufügen.

3 Man kann die Suppe vor dem Anrichten auch noch klären; dafür die Flüssigkeit durch einen Teefilter oder durch Gaze gießen.

WINTERSUPPE

Euro-asiatischer Mix, der einheizt

Diese Wintersuppe vereint bodenständiges Suppengemüse aus dem heimischen Gemüsegarten mit exotischen Gewürzen aus dem fernen Osten. Neben Sellerie, Lauch und Möhren enthält das bunte Potpourri asiatische Aromaten wie Zitronengras, Kaffirlimettenblätter, Ingwer und Galgant.

ZUTATEN FÜR 4 PERSONEN

Grundrezept
250 g Staudensellerie
250 g Möhren
200 g Rettich
2 mittelgroße Stangen Lauch
2 Zwiebeln
2 Knoblauchzehen
4 Zweige Koriander
1 Lorbeerblatt
2 Gewürznelken
10 schwarze Pfefferkörner
Gaze

Asiatische Würzmischung
3 Stängel Zitronengras
1 unbehandelte Limone
5 Schalotten
20 g Ingwer
5 g Galgant
3 kleine Chilischoten
5 Kaffirlimettenblätter
Fischsauce (Asia-Laden)
Sojasauce
Salz, Pfeffer

1500 ml Wasser

ZUBEREITUNGSZEIT: 55 Minuten
TROCKENZEIT: 2–24 Stunden

1 Für das Grundrezept das Gemüse putzen. Zwiebeln und Knoblauch schälen. Die Zwiebeln halbieren und in einer Pfanne ohne Fett rösten. Koriander waschen, trocken tupfen und trocknen. Das Lorbeerblatt zerbröseln, Nelken und Pfeffer im Mörser grob zerstoßen.

2 Das vorbereitete Gemüse und den Knoblauch grob zerkleinern, auf dem mit Alufolie bedeckten Dörrrahmen auslegen und trocknen. Die Gewürze mit dem getrockneten Gemüse mischen und in einen aus Gaze gebundenen Beutel füllen.

3 Für die asiatische Würzmischung die Zitronengrasstängel schräg in ca. 1 cm große Abschnitte schneiden und mit dem Messergriff kräftig anstoßen. Die Schale von der Limone abreiben, die weiße Haut entfernen, die Frucht in dünne Scheiben schneiden. Schalotten, Ingwer und Galgant schälen. Chilischoten der Länge nach aufschneiden, zwei Schoten von den Kernen befreien. Zitronengras, Limonenscheiben und -abrieb, Kaffirlimettenblätter, Schalotten, Chili, Ingwer und Galgant trocknen und danach in der Küchenmaschine grob zerkleinern. In einem dunklen Glas mit Schraubverschluss aufbewahren.

4 Vor Gebrauch die Zitronengras-Abschnitte und die Kaffirlimettenblätter zerbröseln. Die asiatische Gewürzmischung zum getrockneten Gemüse in den Gaze-Beutel geben.

5 Den Gazebeutel in einen mit 1500 ml kaltem Wasser gefüllten Topf einlegen. Den Beutel öffnen, damit das Gemüse ungehindert quellen kann. Das Wasser sehr langsam erwärmen, so spart man sich das Einweichen. Nach 15 Minuten abschmecken und eventuell Wasser nachgießen. Gazebeutel herausnehmen, in einem Sieb abtropfen lassen, die Flüssigkeit auffangen und zurück in die Suppe geben. Mit Fisch- und Sojasauce sowie Salz und Pfeffer abschmecken.

PILZCONSOMMÉ

Feines Süppchen mit starkem Geschmack

Grundlage für diese Consommé ist das kräftige Pulver verschiedener Pilzsorten wie Steinpilze, Herbsttrompeten und Maronen. Sie prägen den unverwechselbaren Geschmack und werden von würzigen Gemüsearomen und getrockneten Kräutern begleitet. Dieses feine Süppchen kann im Schnellverfahren hergestellt werden, denn im Idealfall werden hierfür getrocknete Körner aus dem Vorrat verwendet. Wird die Pilzconsommé regelmäßig gekocht, lohnt es sich, fertige Mischungen abzuwiegen und kurz vor Gebrauch zu mahlen oder bereits pulverisierte Mengen luftdicht verpackt aufzubewahren.

ZUTATEN FÜR 2 PERSONEN

2 EL getrocknete Tomaten
2 EL Karottenpulver
2 EL Petersilienwurzelpulver
2 EL Selleriepulver
1 EL Zwiebelpulver
1 EL Porreepulver
1 EL Tomatenpulver
½ TL Liebstöckelpulver
½ Bund getrocknete Petersilie
2 Lorbeerblätter
1 Nelken
1 TL Thymian
Salz, Pfeffer
5 EL Mischpilzpulver (z.B. Steinpilze, Herbsttrompeten, Maronen)
ca. 2 EL Olivenöl
1200 ml Wasser

ZUBEREITUNGSZEIT: 15 Minuten

1 Die getrockneten Tomaten (selbst getrocknet oder fertig gekauft) in der Küchenmaschine zerkleinern. Die verschiedenen Gemüsepulver (dafür getrocknete Gemüsekörner in einer Kaffeemühle fein mahlen) mit den übrigen Würzzutaten, Pilzpulver und Olivenöl in einem Topf mit 1200 ml kaltem Wasser verrühren. Die Flüssigkeit zum Kochen bringen und 10–15 Minuten köcheln lassen.

2 Anschließend die Suppe durch ein sauberes Küchentuch oder durch ein feines Sieb gießen. Die aufgefangene Flüssigkeit (ergibt ca. 400 ml Suppe) vor dem Servieren noch einmal erhitzen. Die Consommé schmeckt sehr intensiv, deshalb evtl. noch mit etwas Wasser verdünnen.

KLEINE VARIANTE

Eine Zwiebel schälen, fein würfeln, in Butter glasig dünsten und mit etwas Rotwein ablöschen. Danach wie im Rezept beschrieben mit der Zubereitung der Suppe fortfahren.

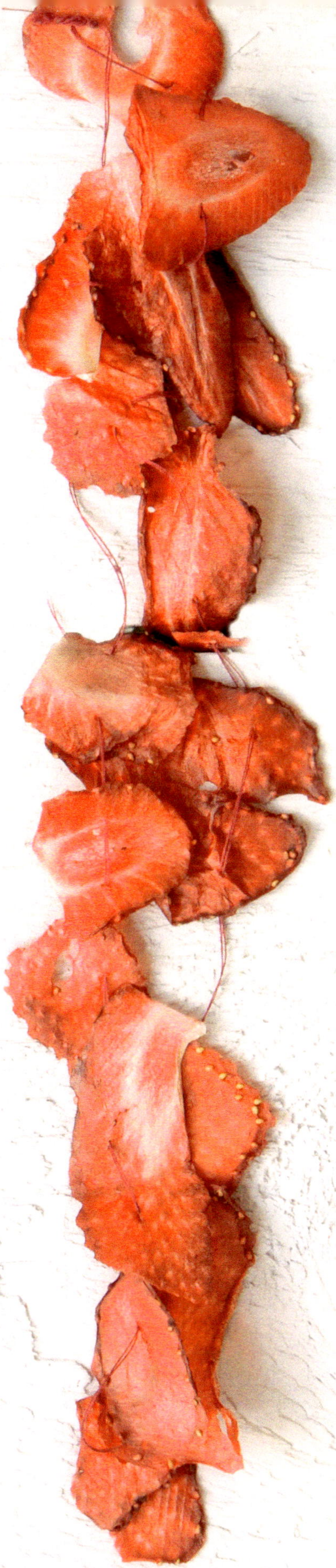

FRÜCHTE

ANANAS • ÄPFEL • APRIKOSEN • BIRNEN ERDBEEREN • FEIGEN • PFLAUMEN

Sommerzeit ist Erntezeit. Damit man den köstlichen Geschmack von Obst im Winter nicht nur als Marmelade konserviert genießen kann, lohnt es sich, die saftigen Früchte zu trocknen. Ob als hauchdünne Scheibchen, als raffinierte Fruchtmatte oder als vielseitig einsetzbares Pulver – so schmecken sie besonders intensiv!

SCAMPI MIT SALAT UND HERZHAFTEN DÖRRFRÜCHTEN

Köstliche fruchtig-pikante Teigtaschen

Aus getrockneten Früchten lassen sich wunderbare Pasten herstellen. Herzhaft oder süß abgeschmeckt sind sie nicht nur ein idealer Brotaufstrich, sondern auch ein außergewöhnlicher Begleiter zu Fleisch oder Fisch. Hier verleihen die pikantsüßen Dörrfrüchte den Krustentieren eine kräftige Note. Der Geschmack von warmen Datteln und Aprikosen passt auch gut zu gebratenem Lamm.

ZUTATEN FÜR 4 PERSONEN

80 g kernlose Datteln
60 g getrocknete Aprikosen
1 unbehandelte Zitrone
2 EL brauner Rum
1/4 l Wasser
60 g brauner Zucker
4 frische Lorbeerblätter
1/4 Muskatnuss
1 kleine getrocknete Chilischote
2 Gewürznelken
1 Rolle Blätterteig (Kühlregal)
1 Handvoll Kopfsalatblätter
8 Scampi oder Gambas
3 EL Olivenöl
Salz, Pfeffer

ZUBEREITUNGSZEIT: 1 Stunde
MARINIERZEIT: ca. 5 Stunden
BACKZEIT: 15 Minuten

1 Die Datteln und Aprikosen würfeln. Die Hälfte der Zitrone in dünne Scheiben schneiden.

2 Den Rum mit Wasser, Zucker, Lorbeerblättern und Nelken zum Kochen bringen. Die Chilischote fein hacken, Muskatnuss reiben und mit den Früchten in die Flüssigkeit geben. Ca. 10 Minuten köcheln lassen. Die Früchte mindestens 5 Stunden oder noch besser 1 Tag in der Flüssigkeit marinieren. Danach passieren, dabei den Saft auffangen.

3 Die Lorbeerblätter und Nelken aus dem Fruchtsaft entfernen und die Fruchtmasse im Mixer zu einer homogenen Masse rühren. Eventuell mit Fruchtsaft verlängern.

4 Den Backofen auf 210 °C vorheizen. Blätterteig ausrollen, ca. 10 x 13 cm große Stücke schneiden und mit einer bemehlten Teigrolle jedes Stück seitlich dünn ausrollen. Fruchtmasse ca. 5 mm hoch in der Mitte jeder Teigplatte verteilen, rechte und linke Ränder zur Mitte einklappen. Im Backofen auf mittlerer Schiene 15 Minuten backen.

5 Inzwischen den Salat putzen, waschen und trocken schleudern. Die Scampi längs aufschneiden, den Darm entfernen. Die Scampi salzen und mit dem Saft der restlichen Zitrone beträufeln. Den Saft der Trockenfrüchte bei mäßiger Hitze erwärmen.

6 5 Minuten vor Ende der Backzeit der Blätterteigtaschen die Scampi in heißem Olivenöl ca. 2 Minuten braten, bis sie sich rosa verfärben. Den Salat mit etwas Salz und Pfeffer würzen und ganz kurz mitanbraten.

7 Die Teigtaschen mit Salat und Scampi auf Tellern anrichten. Den Fruchtfond darüberträufeln und sofort servieren.

LINSENSALAT

Ein herzhaft-süßer Sattmacher

Getrocknete Früchte passen sehr gut zu herzhaften Gerichten. In Suppen, Saucen, Eintöpfen und Fleischgerichten setzen gedörrte Äpfel, Datteln, Rosinen oder Aprikosen süße Akzente und runden den kräftigen Geschmack ab. Klein geschnitten eignen sie sich außerdem hervorragend, um damit, anstelle von Zucker oder Honig, Salate zu süßen.

ZUTATEN FÜR 4 PERSONEN

200 g kleine Kartoffeln
300 g rote Linsen
450 ml Gemüsefond
4 EL Pinienkerne
1 Bund Lauchzwiebeln
2 EL Apfelessig
Salz, Pfeffer
4 EL Traubenkernöl
50 g getrocknete Aprikosen
50 g Rosinen
½ Bund Petersilie oder Basilikum

ZUBEREITUNGSZEIT: 45 Minuten
GARZEIT: 20 Minuten

1 Die Kartoffeln waschen und in der Schale garen. Linsen waschen und in der Gemüsebrühe ca. 10 Minuten bissfest garen. Durch ein Sieb abgießen, die Brühe dabei auffangen.

2 Die Pinienkerne ohne Fett in einer Pfanne rösten. Die Lauchzwiebeln waschen und in dünne Ringe schneiden.

3 Für das Salatdressing den Apfelessig mit 4 EL Gemüsebrühe, Salz und Pfeffer verrühren. Das Traubenkernöl unterschlagen. Die Aprikosen in feine Streifen schneiden. Mit den Rosinen und den Lauchzwiebeln in das Dressing geben.

4 Die Kartoffeln pellen und in Scheiben schneiden. Linsen und Kartoffeln vorsichtig mit dem Dressing verrühren. Wenn möglich, den Salat mindestens 1 Stunde vor dem Servieren zubereiten, damit er durchziehen kann. Mit gehackter Petersilie oder Basilikum und den Pinienkernen garnieren.

GRIECHISCHE SARDINEN

Mediterraner Snack aus dem Ofen

Der beliebte Mittelmeerfisch in neuer Mission: Statt gegrillt oder frittiert kommt die Sardine hier gefüllt und gerollt daher. Die fruchtig-süßliche Füllung aus Korinthen, Pinienkernen und dem Saft von Orangen rundet dabei den kräftigherben Geschmack des Fisches wunderbar ab.

ZUTATEN FÜR 4 PERSONEN

12 große Sardinen
1 kleine Zwiebel
80 g fein geriebenes Weißbrot
1 Stängel Minze
3 EL Olivenöl
30 g Pinienkerne
½ TL Zucker
½ TL edelsüßer Paprika
3 EL Orangensaft
1 EL Weißweinessig
30 g Korinthen
Salz, Pfeffer aus der Mühle

ZUBEREITUNGSZEIT: 35 Minuten
GARZEIT: 20 Minuten

1 Die Sardinen ausnehmen, Kopf und Mittelgräte entfernen. Die Filets waschen und trocken tupfen, mit Salz und Pfeffer würzen.

2 Die Zwiebel schälen und fein hacken. Das Brot in der Küchenmaschine fein mahlen. Die Minzeblätter vom Stängel zupfen, waschen und fein hacken.

3 Für die Farce die gehackte Zwiebel in einer Pfanne in der Hälfte des Olivenöls andünsten. Pinienkerne dazugeben, ge-mahlenes Weißbrot unterrühren und mit Zucker, Paprika, Salz und Pfeffer abschmecken. Orangensaft und Essig hinzufügen, zum Schluss die Korinthen und die gehackte Minze.

4 Den Backofen auf 250 °C vorheizen. Eine ofenfeste Form mit etwas Olivenöl einpinseln. Die Sardinenfilets mit der Hautseite nach unten auf die Arbeitsfläche legen. Die Farce zu kleinen Kugeln formen, auf den Fisch legen und zum Schwanzende hin aufrollen. Die Sardinenröllchen nebeneinander in die ofenfeste Form legen. Das restliche Olivenöl über die Sardinen geben und 20 Minuten im Ofen garen.

WEINTRAUBEN TROCKNEN

Korinthen gehören zur Familie der Weinrebengewächse. Benannt werden die kernlosen, kleinbeerigen, violett-schwarzen Früchte nach ihrem Herkunftsort, der griechischen Stadt Korinth. Man trocknet sie wie alle anderen Früchte, der Vorgang lässt sich beschleunigen, indem man mit der Nadel kleine Löcher in die Haut sticht.

BIRNENSALAT MIT GAMBAS

Aufs Beste kombiniert: Seafood mit Birne

Selbst getrocknete Birnen können wunderbar in einen aromatischen Teppich verwandelt werden. Mit warmer, würziger Birnenmarinade beträufelt und mit Vanille, Rosmarin und Zitrone abgeschmeckt, wird die getrocknete Matte neu zum Leben erweckt. Samtig und weich im Geschmack ist sie der passende Untergrund für Gambas und Blattsalat.

ZUTATEN FÜR 4 PERSONEN

Für die Marinade
1 Birne (250–300 g)
1 Vanilleschote
1 EL Butter
50 ml Weißwein
2 Zweige Rosmarin
200 ml Wasser
1 Schuss Obstbrand

Für die Salatsauce
Saft von ½ Zitrone
Salz
1 EL Birnensaft
2 EL Traubenkernöl
½ TL Szechuan-Pfeffer

4 Birnenteppiche (siehe Seite 21)
verschiedene Sorten Blattsalat
8 Gambas
½ Zitrone

MARINIERZEIT: 2 Stunden
ZUBEREITUNGSZEIT: 45 Minuten

1 Möglichst 2 Stunden vor der Zubereitung die Marinade ansetzen. Die Birnen halbieren, vierteln, entkernen und in Würfel schneiden. Die Vanilleschote längs aufschneiden, das Mark herausschaben.

2 Butter erwärmen, die Birnenwürfel ca. 5 Minuten bei mittlerer Hitze darin dünsten und mit dem Weißwein ablöschen. Die Vanilleschote und 1 Rosmarinzweig in den Sud legen. Die Hitze erhöhen, damit der Alkohol verdunstet. Wasser dazugeben. Den Sud 10 Minuten reduzieren und einen Schuss Obstbrand hinzufügen. Danach abkühlen und 1 Stunde ziehen lassen.

3 Anschließend die Birnenmasse passieren und den Sud auffangen. Das Vanillemark in den Sud rühren, den zweiten Rosmarinzweig hineinlegen und eine weitere Stunde ziehen lassen.

4 Blattsalate waschen, trocken schleudern und klein zupfen. Die Gambas der Länge nach aufschneiden und den Darm entfernen. Gambas salzen und mit dem Saft von ½ Zitrone beträufeln.

5 Für die Salatsauce Saft von ½ Zitrone mit Salz verrühren, 1 EL von dem noch warmen Birnensud hinzufügen und das Traubenkernöl unterrühren. Mit frisch gemahlenem Szechuan-Pfeffer abschmecken. So viel von der Salatsauce über die Salatblätter geben, dass sie gerade benetzt sind.

6 Die Vanilleschote aus dem Birnensud nehmen und den Sud bei mittlerer Hitze mit dem Vanillemark erhitzen. Mit Zitronensaft abschmecken. Die Birnenteppiche in dem Sud tränken und mit den Salatblättern und den Gambas auf Tellern anrichten. Die Gambas mit dem restlichen Sud beträufeln.

TERRINE MIT BIRNEN UND VOLLKORNBRÖSELN

Ein delikater Starter, wenn Gäste kommen

Eine Spezialität aus Frankreichs Feinkostläden, die zum Glück auch bei uns erhältlich ist: Feinste Terrine aus Geflügel- oder Kalbsleber. Das Kompott aus weicher Birne, Cognac und krossen Brotbröseln ist ein wunderbarer Begleiter für diese ausgefallene Vorspeise.

ZUTATEN FÜR 4 PERSONEN

100 g Butter
200 g getrocknete Birnen
120 ml Cognac
200 ml Birnensaft oder Wasser
2 TL Estragon
2 TL Muskatnuss
140 g Brösel aus dunklem Vollkornbrot
grob gestoßener Pfeffer
2 EL abgeriebene Schale einer unbehandelten Orange
800 g Geflügelleberpastete

ZUBEREITUNGSZEIT: 35 Minuten

1 Die Hälfte der Butter in einem Topf erwärmen und die klein gehackten Birnen unter Rühren scharf darin anbraten. Mit der Hälfte des Cognacs ablöschen und anschließend den Birnensaft oder Wasser zugeben. Etwas abkühlen lassen. Mit Estragon, Muskatnuss und restlichem Cognac abschmecken und zur Seite stellen.

2 Altbackenes Vollkornbrot im Mixer grobkörnig mahlen, mit Pfeffer mischen und in der restlichen Butter unter Rühren bräunen.

3 Die Birnenmasse mit den Brotbröseln mischen und mit der abgeriebenen Orangenschale auf Tellern anrichten. Die Terrine in Scheiben schneiden und darauflegen.

ANANAS-VARIATIONEN

Eiskaltes Sorbet, heiße Spalten und knusprige Chips

Ob frisch und saftig oder knusprig gedörrt: eine Ananas ist immer ein köstlicher Genuss. Und in dünnen Scheibchen getrocknet ist die exotische Frucht ein idealer Snack für zwischendurch.

ZUTATEN FÜR 4–6 PERSONEN:

125 g Zucker
1 EL Glukose
125 ml Wasser
1 Ananas
4 Stängel Minze
Saft von 1 Zitrone
30 g Butter
getrocknete Ananasscheiben

ZUBEREITUNGSZEIT: 45 Minuten
GEFRIERZEIT: 3–4 Stunden
BACKZEIT: 15 Minuten

1 Für das Ananassorbet Zucker und Glukose in Wasser kochen, bis der Zucker vollständig aufgelöst ist. Die Ananas schälen, halbieren, vierteln und die Mitte entfernen. Die Minzeblätter mit 450 g Ananasstücken und Zitronensaft pürieren. Mit dem abgekühlten Zuckerwasser verrühren, in eine flache Edelstahlschüssel füllen und für 3–4 Stunden ins Gefrierfach stellen. Mit der Gabel das Sorbet halbstündlich durchrühren.

2 Den Backofen auf 230 °C vorheizen. 30 Minuten vor dem Servieren die restliche Ananas in dünne Scheiben schneiden und nebeneinander in eine feuerfeste Form legen. Butterflocken darauf verteilen und im Backofen bei 230 °C ca. 15 Minuten backen. Anschließend die Scheiben in Eckchen schneiden und etwas abkühlen lassen.

3 Getrocknete Ananasscheiben im noch heißen, ausgeschalteten Ofen auf dem Blech auf unterster Schiene knusprig backen. Dabei in den ersten 3–4 Minuten die Backofentür halb geöffnet lassen. Nach 10 Minuten herausnehmen.

4 Die heißen Ananasscheiben auf Tellern anrichten, dann das Sorbet und obenauf die getrockneten Scheiben arrangieren.

ANANAS TROCKNEN

Die geschälte Ananas (inklusive der Mitte) mit der Aufschnittmaschine in ca. 3 mm dicke Scheiben schneiden. Auf einem Trockenrahmen auf der Heizung etwa 2 Tage trocknen. So behalten sie ihre helle Farbe und ihren Geschmack, besser als im Dörrautomaten oder auf der untersten Schiene im Backofen (bei 30–50 °C). Für sehr knusprige Scheiben die Ofentemperatur 5–10 Minuten vor Ende der Trockenzeit auf 80 °C erhöhen. Die Ananasscheiben locker in Papier- oder Leinentüten füllen, damit sie nicht zusammenkleben. Kross gebackene Scheiben nach dem Abkühlen sofort verzehren oder luftdicht verpacken.

FEIGEN

Immer eine Sünde wert

Die Feige, bereits im paradiesischen Garten Eden vertreten, gehört zu den ältesten domestizierten Nutzpflanzen. In gut gereiftem Zustand geerntet, schmecken die meist dunkellila gefärbten Früchte besonders gut, sind samtweich, saftig und angenehm fruchtig. Als Trockenfrüchte sind sie weit verbreitet und fast bekannter als die frischen Feigen, die stückweise recht teuer im Handel angeboten werden. Trotzdem lohnt es sich, in der Hochsaison die verführerischen süßen Früchte selber zu trocknen. Sie sind eine köstliche und zudem sehr gesunde Alternative für alle, die gerne naschen – versuchen Sie Feigen mal frisch getrocknet und noch warm aus dem Ofen. Oder in Scheiben geschnitten, mariniert, grob gemahlen ...

FEIGEN MIT ZIEGENFRISCHKÄSE

Für stimmungsvolle Abende mit Freunden

Die Feigensaison ist im September und nur dann schmecken sie frisch geerntet richtig gut. Trocknen Sie die Früchte geviertelt im Backofen oder auf der Heizung und bereiten Sie sich mit Pecorino, Rotwein und den süßen Feigen auf die kalte Jahreszeit vor. Hier als Alternative zwei Ziegenfrischkäse-Variationen mit der gehaltvollen Frucht.

ZUTATEN FÜR 4–6 PERSONEN

Mit Pinienkernen und Rucola
20 g getrocknete Feigenscheiben
2 TL Pinienkerne
etwas Portwein
1 TL Akazienhonig
2 kleine, feste Ziegen-Frischkäse
einige Blätter Rucola

Mit Rosmarin und Schinken
30 g getrocknete Feigenscheiben
1 TL Rosmarinnadeln
10 g Walnüsse
200 g Ziegenfrischkäse
50 g dünn geschnittener Schinken nach Wahl

ZUBEREITUNGSZEIT: jeweils ca. 15 Minuten
MARINIERZEIT: 1–2 Tage

1 Für die 1. Variante die Feigenscheiben in der Küchenmaschine oder Kaffeemühle sehr grob mahlen. Die Pinienkerne in einer Pfanne ohne Fett rösten und grob mahlen. Etwas Portwein und Honig zu den gemahlenen Feigen geben. Den Ziegen-Frischkäse in kleine Stücke teilen, in der Feigenmasse wenden und in Rucolablätter wickeln. Mit einem Holzstäbchen fixieren.

2 Für die 2. Variante Feigenscheiben, Rosmarinnadeln und Walnüsse in der Küchenmaschine oder in der Kaffeemühle grob mahlen. Den Ziegen-Frischkäse darin wenden und mit dem Schinken ummanteln. In ein Tuch gewickelt 1–2 Tage im Kühlschrank ziehen lassen. Danach in etwa 1 cm dicke Scheiben schneiden und genießen.

SCHNELLE FEIGEN-TARTE

Idealer Snack für Überraschungsgäste

Für spontane Anlässe oder einfach nur für den Feigen-Heißhunger ist diese kleine Tarte ideal. Allerdings erfordern die filigranen Filoteig-Blätter und die zarten Feigen eine vorsichtige Behandlung, da sie sehr empfindlich sind.

ZUTATEN FÜR 1 TARTE (20 CM Ø)

1 Feige (in Scheiben getrocknet)
20 ml Portwein
30 ml Cassislikör
5 Filoteig-Blätter
30 g Butter
2 EL Puderzucker

ZUBEREITUNGSZEIT: 20 Minuten
BACKZEIT: 15 Minuten

1 Die Feigenscheiben kurz unter heißem Wasser anfeuchten, in eine flache Schüssel legen. Den Alkohol erhitzen und über die Feigen gießen, sodass sie bedeckt sind. Die Filoteig-Blätter auf einer bemehlten Arbeitsfläche ausbreiten.

2 Die Tarte-Form (20 cm ø) einfetten. Die Butter in einem kleinen Topf erwärmen und mit einem Backpinsel auf das erste Filoteig-Blatt streichen. Das Blatt gefaltet in die Form legen. Mit den anderen Blättern genauso verfahren und im Uhrzeigersinn gedreht in die Form legen, sodass ein etwa gleichmäßiger Rand übersteht. Da die Blätter sehr leicht austrocknen, evtl. mit ein wenig Wasser besprühen.

3 Den Backofen auf 180 °C vorheizen. Die Feigen in die Form legen, mit Puderzucker bestreuen. 10–15 Minuten backen, bis der Teigrand hellbraun ist.

LECKERE VARIANTE

Zusätzlich eine dünne Schicht Ricotta auf die Teigblätter geben und statt Puderzucker Honig verwenden.

FEIGEN MIT ZIEGENCAMEMBERT

Eine harmonische, mildwürzige Kombination

Feige, Rotwein und Ziegenkäse. Das passt immer! Da kann der Rote auch mal ein Portwein sein und der Ziegenkäse uralt. Konstant bleibt immer die Feige, ob als getrocknete Scheibe oder als weiche Frucht. Nicht ohne Grund hat sich die Feige als Vorspeise mit herzhaften Begleitern fest etabliert.

ZUTATEN FÜR 4 PERSONEN
100 g kleine Kaktusfeigen
30 g dünne getrocknete Feigenscheiben
20 ml Portwein
1 EL Pistazienkerne
1–2 EL Honig
einige Spritzer Limonensaft
2 gestr. TL Korianderpulver
60 ml Rotwein oder Portwein
30 ml Cognac
40 ml frisch gepresster Orangensaft
250 g Ziegenrolle (Camembert)

ZUBEREITUNGSZEIT: 30 Minuten
MARINIERZEIT: 30 Minuten
BACKZEIT: 10–15 Minuten

1 Die Feigen vierteln und 30 Minuten mit heißem Wasser bedeckt einweichen. Anschließend das überschüssige Wasser abgießen.

2 Den Backofen auf 100 °C vorheizen. Die getrockneten Feigenscheiben in einer Schale auslegen und mit Portwein beträufeln. Die Pistazienkerne klein hacken und in einer Pfanne ohne Fett rösten. Den Honig erwärmen und mit Limonensaft und Korianderpulver verrühren. Die Kaktusfeigen hineingeben. Bei hoher Temperatur erhitzen und dabei ständig rühren. Gleichzeitig etwas Wasser, Wein, Cognac und zum Schluss den Orangensaft hinzufügen. Die Feigenmasse soll sehr weich und großzügig mit Saft bedeckt sein.

3 Den Backofen auf 100 °C vorheizen. Die Masse auf ofenfeste Teller geben. Den Ziegenkäse ca. 1 cm dick aufschneiden und abwechselnd mit den marinierten Feigenscheiben auf die Kaktus-Feigen-Masse schichten. Auf der oberen Schiene im Backofen backen, bis der Käse zerläuft. Vor dem Servieren mit Pistazienkernen bestreuen.

ERDBEEREN

So duftet der fruchtige Sommer

Im Handel sind sie nur selten getrocknet zu finden, deshalb lohnt es sich, wenn die roten Beeren im Juni Hochsaison haben, große Mengen auf Vorrat zu konservieren. Schon als Vorgeschmack auf zukünftige Genüsse verbreitet sich beim Trocknen von Erdbeeren ein intensiver, köstlicher Duft. Die kulinarischen Einsatzmöglichkeiten sind vielfältig: Dünne Scheibchen veredeln das tägliche Müsli oder sind raffinierte Zutat in vielen Salaten. Als Erdbeermus zu Fruchtmatten eingekocht und getrocknet, lässt sich darin so manches – z.B. scharf marinierte und gebratene Scampi – einwickeln und als Appetizer servieren. Und als grobkörniges Pulver über warmen Ziegenkäse, kräftigen Schimmelkäse oder auch über Spargel gestreut, sorgen getrocknete Erdbeeren für eine ganz besondere Note.

CRÈME BRÛLÉE MIT GETROCKNETEN ERDBEEREN

Cremig, fruchtig, knusprig: Schicht für Schicht ein Genuss

Der Klassiker aus der französischen Dessertküche auf kulinarischen Abwegen: Zwischen Crème und brûlée wird eine Schicht aus getrockneten Erdbeeren und frischer Minze gezogen. Mit Obstbrand, grünem Pfeffer und dem Saft von frischen Limonen nicht nur zur Erdbeersaison ein heißer Favorit.

ZUTATEN FÜR 4 PERSONEN

1 Vanilleschote
180 ml Milch
6 Eigelb
100 g Zucker
abgeriebene Schale ½ unbehandelten Orange
500 ml Sahne
30 g getrocknete Erdbeeren
ca. 30 ml Obstbrand
Saft von ½ Limone
1–2 TL grüner, eingelegter Pfeffer
1–2 TL flüssiger Honig
ca. 15 Blätter Minze
60 g brauner oder weißer Zucker

ZUBEREITUNGSZEIT: 50 Minuten
BACKZEIT: 70 Minuten

1 Für die Creme die Vanilleschote längs aufschneiden und das Mark herausschaben. Mark und Schote in der Milch kurz aufkochen und abkühlen lassen. Das Eigelb mit Zucker verrühren und in die noch lauwarme Vanillemilch geben. Anschließend den Orangenabrieb und die Sahne hinzufügen. Die Vanilleschote entfernen.

2 Den Backofen auf 120 °C vorheizen. Die Eiersahne in ofenfeste Portionsförmchen füllen und in die Saftpfanne des Backofens setzen. In den Ofen schieben, kochend heißes Wasser in die Saftpfanne gießen, sodass die Förmchen zur Hälfte im Wasser stehen. Nach 70 Minuten sollte die Creme in der Mitte fest sein. Danach mindestens 2 Stunden kalt stellen.

3 Kurz vor dem Servieren die getrockneten Erdbeeren etwas zerkleinern und in Obstbrand und Limonensaft marinieren. Den grünen Pfeffer zerdrücken und zugeben. Eventuell überschüssige Flüssigkeit abgießen, da die Früchte sonst zu weich werden. Honig unterrühren.

4 Die Creme stürzen. Minzeblätter klein schneiden und darauf verteilen. Die marinierten Erbeeren auf die Creme geben, mit Zucker bestreuen und unter dem sehr heißen Grill oder mit dem Bunsenbrenner karamellisieren.

TIPP

Der Bräunungsgrad des Karamells über den dunklen Erdbeeren ist schwierig zu beurteilen. Damit nichts verbrennt, rechtzeitig mit dem Karamellisieren aufhören, evtl. etwas nachbräunen.

WEINSCHAUM MIT ERDBEERSTREIFEN

Zarte Creme kombiniert mit fruchtiger Süße

Die kleinen Streifchen, die hier auf Eis liegen, werden aus dem aromatischen Saft frischer Früchte hergestellt. Reduziert zu einem Konzentrat, wird das fruchtige Mark der Erdbeeren auf eine Matte gestrichen und in der Sonne oder im Backofen getrocknet. Für dieses Rezept sollte die Fruchtmatte bereits ein paar Tage im Voraus gekocht werden.

ZUTATEN FÜR 4 PERSONEN

1 kg Erdbeeren
1 sehr kleine getrocknete Chilischote
1 TL gemahlene rosa Pfefferbeeren
40 g Zucker
30 ml Obstbrand
100 g Puderzucker
3 große, frische Eigelb
1 Glas Weißwein
evtl. etwas Sherry, Portwein oder Marsala
8 Kugeln Vanilleeis
Pistazien oder Mandeln

ZUBEREITUNGSZEIT ERDBEERMATTE: 30 Minuten
TROCKENZEIT: 4–24 Stunden
RESTLICHE ZUBEREITUNGSZEIT: 15–20 Minuten

1 Für die Fruchtmatte die Erdbeeren waschen, putzen, und halbieren. Die Chilischote im Mörser mahlen. Die Früchte unter Rühren stark erhitzen. Pfefferbeeren, Zucker und Chili hinzufügen, 10–15 Minuten sprudelnd unter ständigem Rühren zu einer dicklichen Masse einkochen.

2 Das Fruchtmark durch ein Sieb passieren und ca. 5 Minuten kochen. Kurz vor Ende der Kochzeit den Obstbrand hinzufügen und noch einige Minuten sprudelnd weiterkochen. Abkühlen lassen.

3 Den Backofen auf 100 °C vorheizen. Das Backofenblech mit einer Backmatte auslegen und das Fruchtmark dünn darauf verteilen. Im Backofen 1 Stunde bei 100 °C und anschließend weitere 4 Stunden bei 70 °C trocknen. Bei gutem Wetter die Fruchtmatte in der Sonne trocknen. Möglich ist auch die Trocknung auf der Heizung. Das Backblech ist ein guter Wärmeleiter und die Matte ist nach einem Tag getrocknet.

4 Für den Weinschaum Puderzucker mit den Eigelben in einer Edelstahlschüssel verquirlen und im Wasserbad erwärmen. Unter ständigem Schlagen mit dem Schneebesen den Wein tröpfchenweise zugeben, bis eine cremige Masse entsteht. Nach Belieben mit Sherry, Portwein oder Marsala abschmecken.

5 Aus der Erdbeermatte Streifen schneiden, portionsweise auf das Eis legen und mit warmem Weinschaum anrichten. Pistazien oder Mandeln hacken und darüberstreuen.

ERDBEERCHIPS

Fruchtige Süße zum Naschen

Erdbeeren gibt es schon ab März bei uns zu kaufen. Da den „Frühchen" aus Südeuropa aber oft noch die Sommersüße fehlt, kann man sie mit Zucker bestreut trocknen. Mit diesen Chips lässt sich so die Zeit bis zur eigentlichen Erdbeer-Saison gut überbrücken. Dann nämlich bietet es sich an, aus den süßen Früchten große Vorräte anzulegen. Servieren Sie die getrockneten Scheiben als Abschluss eines Menüs, mit Eiscreme oder auch zum Dippen in warme Chili-Schokoladensauce.

ZUTATEN FÜR 1 BLECH
250 g Erdbeeren
20 g Zucker

TROCKENZEIT: ca. 90 Minuten

1 Die Erdbeeren putzen, waschen und in 3 mm dünne Scheiben schneiden. Zucker in der Kaffeemühle oder einem Mörser zu Puderzucker verarbeiten. Die Hälfte davon durch ein kleines Teesieb streichen und das Backblech damit bestäuben.

2 Den Backofen auf 100 °C vorheizen. Die Erdbeerscheiben auf das gezuckerte Blech legen und im Ofen ca. 60 Minuten trocknen. Danach die Scheiben umdrehen und mit dem restlichen Zucker bestäuben. Nach weiteren 30 Minuten Trockenzeit das Blech aus dem Backofen nehmen. Die Chips abkühlen lassen.

3 Zum Aufbewahren die Erdbeer-Chips anschließend sofort in luftdicht verschließbare Gläser füllen und kühl und dunkel lagern.

TIPP

Die Erdbeer-Chips können auch mit Zuckerwasser hergestellt werden. Dafür sehr dünn geschnittene Scheiben kurz in einem Zuckerbad aus 2 Teilen Zucker und 3 Teilen Wasser ca. 3 Minuten aufkochen. Anschließend abtropfen lassen und auf Backpapier (Backmatte) auslegen. Im Backofen bei 100 °C 2 Stunden trocknen und anschließend vorsichtig vom Papier ablösen.

ARME RITTER MIT ERDBEERPULVER

Prachtstücke, geadelt von feinsten Zutaten

Schön, dass es das Trocknen gibt – und damit ab sofort das ganze Jahr über Erdbeeren. Die getrockneten Beeren sind erstaunlich vielseitig und können mit Herzhaftem oder Süßem kombiniert werden. Optisch ist der Arme Ritter im Erdbeerpulvermantel nicht wiederzuerkennen. Er sieht bezaubernd aus und duftet und knistert sanft beim Hineinbeißen.

ZUTATEN FÜR 4 PERSONEN

2 EL Zucker
50 ml Wasser
500 ml Milch
1 Vanilleschote
1 EL Crème de Cassis
2 EL Sherry
½ unbehandelte Orange
½ unbehandelte Zitrone
90 g Butter
50 ml Weißwein
300 ml reinen Apfel-Birnen-Saft
etwas Salz
bunter Pfeffer aus der Mühle
40 g getrocknete Erdbeerscheiben
1 TL Rosmarin
3 Eier
300 g altbackenes Brot in Scheiben

ZUBEREITUNGSZEIT: 55 Minuten

1 Den Zucker bei mittlerer Hitze im Wasser auflösen und leicht bräunen. Mit der Milch auffüllen. Die Vanilleschote längs halbieren, das Mark mit einem Teelöffel herausschaben und mit Crème de Cassis und Sherry in die Milch geben. Die Schale von Orange und Zitrone dünn abschälen und hinzufügen. Die Milch 5 Minuten leise köcheln lassen und dann 30 Minuten beiseite stellen.

2 Für die Sauce 30 g Butter erhitzen, Wein hinzufügen und mit Apfel-Birnen-Saft auffüllen. Mit Salz und Pfeffer abschmecken und auf 250 ml reduzieren.

3 Erdbeerpulver aus dem Vorrat verwenden oder getrocknete Erdbeerscheiben mahlen. Dafür den Backofen auf 80 °C vorheizen und die Erdbeerscheiben trocknen, um ihnen die Restfeuchte zu entziehen. Darauf achten, dass die Scheiben nicht zu braun werden. Nach 5–10 Minuten aus dem Ofen nehmen und kurz abkühlen lassen. Anschließend in der Kaffeemühle oder in der Küchenmaschine fein mahlen. Mit frisch gemahlenem Pfeffer und Rosmarin mischen.

4 Die aromatisierte Milch durch ein Sieb in eine flache Schüssel gießen. Die Eier mit der Milch und 1 EL Erdbeerpulver verquirlen Das Brot in Stücke brechen und in die Milch legen, bis es weich ist.

5 In einer oder zwei Pfannen die restliche Butter erhitzen, die Brote darin zügig kross braten und auf vorgewärmte Teller geben. Mit der Apfel-Birnen-Sauce bestreichen. Durch ein Teesieb das gewürzte Erdbeerpulver darüberstreuen.

SO SCHMECKT ES AUCH

Statt Weißbrot können Sie Schwarzbrot verwenden und den Rosmarin auch mal durch Minze oder Waldmeister ersetzen.

PFLAUMEN

Die getrockneten „Klassiker" raffiniert variiert

Für viele ist ein saftiger Kuchen mit vollreifen süßen Pflaumen der höchste spätsommerliche Genuss. Gedörrt sind die Früchte als „Backpflaumen" eine Zutat in vielen traditionellen Rezepten und man findet sie auch als beliebte Ergänzung im gesunden Frühstücksmüsli. Doch trocknen Sie Pflaumen, Zwetschgen und die ebenfalls zur Familie gehörenden gelben Mirabellen und grüngelben Reineclauden auch mal in Scheiben oder zu Matten gelegt. Ein Kuchen aus marinierten oder karamellisierten Pflaumenmatten, auf hauchdünnem Filoteig gebacken, ist eine echte Konkurrenz zum Hefeteig-Klassiker. Und als Wickelblatt für Thunfisch-Sushi sind die filigranen getrockneten Pflaumenscheiben eine ganz besonders raffinierte herzhafte Alternative.

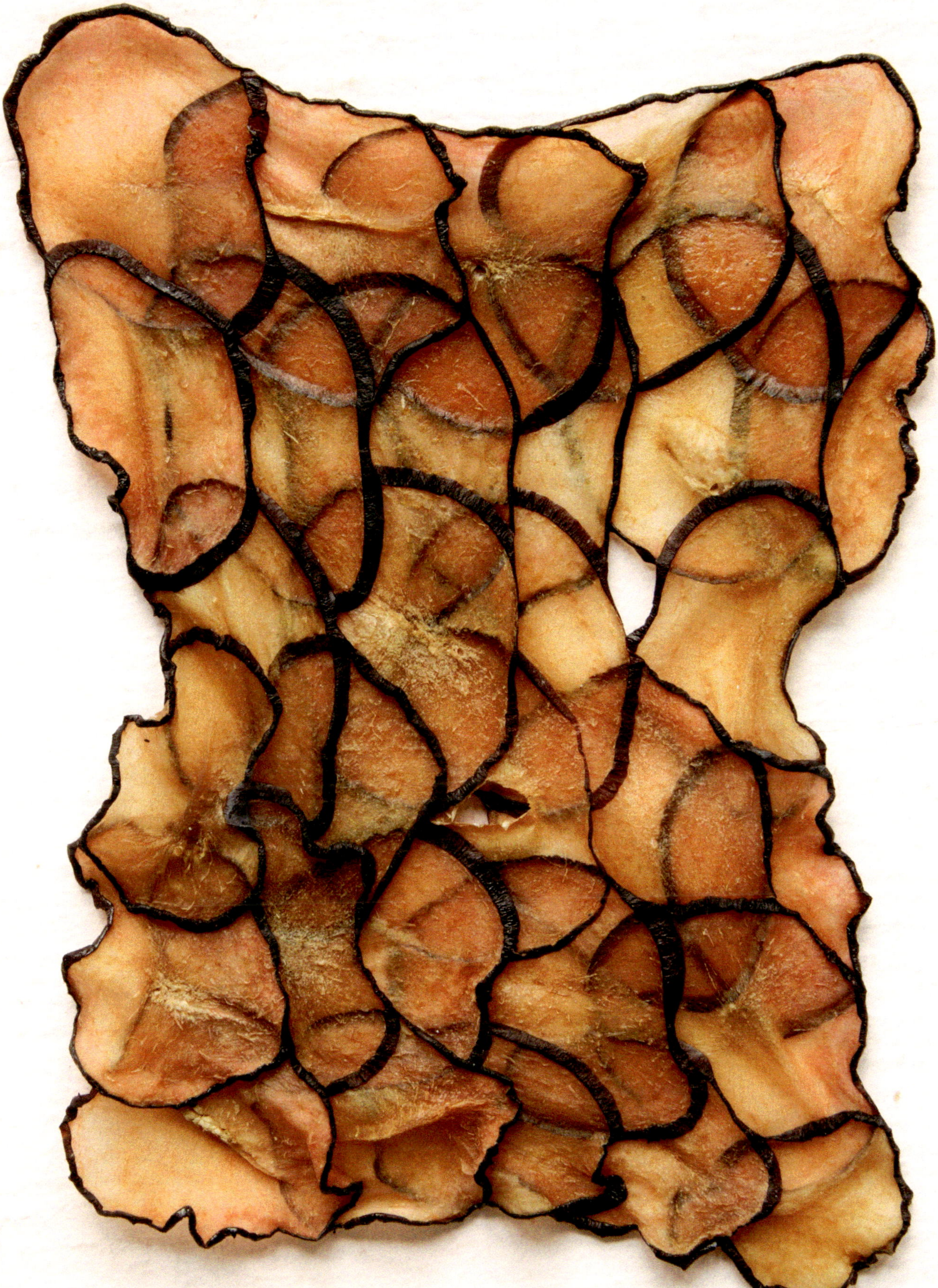

INGWER-PFLAUMEN-TAPENADE IM SCHWEINEFILET

Nicht nur optisch ein besonderer Genuss!

Herzhaften Gerichten verleihen die intensiv schmeckenden Dörrpflaumen mit duftenden Gewürzen eine ganz besondere Note. Da man sie ganzjährig in guter Qualität und unbehandelt bekommt, ist das Trocknen zu Hause fast überflüssig, es sei denn, man ist Gartenbesitzer und möchte die üppige Ernte konservieren. Die im Jahresverlauf später geernteten runden, roten Pflaumen sind saftig-süß und nicht als Dörrpflaumen erhältlich. Als Matten getrocknet eignen sie sich gut zum Einwickeln, Abdecken, Marinieren oder Flambieren.

ZUTATEN FÜR 4 PERSONEN

80 g Trockenpflaumen
2 Sternanis
2 daumengroße Stücke frischer Ingwer
2 Nelken
2 EL Olivenöl
2 geh. EL brauner Zucker
600 g Schweinefilet
1 Bund frischer Koriander
Salz, Pfeffer
2 Frühlingszwiebeln
4 kleine Pflaumenmatten (siehe Seite 20)
40 ml Rum
1 EL Olivenöl
1 EL Butter
1 EL Sojasauce

MARINIERZEIT: 12 Stunden
ZUBEREITUNGSZEIT: 45 Minuten

1 Die Trockenpflaumen in Würfel schneiden. Sternanis, Ingwer und Nelken in Olivenöl rösten. Die Pflaumen, Zucker und einige EL Wasser zugeben und im geschlossenen Topf 15 Minuten köcheln lassen.

2 Das Schweinefilet von Fett oder Sehnenteilen befreien und in 4 Portionen schneiden.

3 Die Hälfte der Korianderblätter klein hacken und in die Pflaumensoße geben. Mit Salz und Pfeffer abschmecken. Das Fleisch in eine flache Schüssel geben und mit der Sauce bestreichen. Mit Klarsichtfolie abdecken und mindestens 12 Stunden im Kühlschrank marinieren.

4 Frühlingszwiebeln putzen, waschen und in sehr feine Streifen schneiden.

5 Die Filets aus der Pflaumensauce nehmen, Nelken und Sternanis und Ingwer entfernen. Die Pflaumenmatten in die Größe der Filets schneiden und mit etwas Rum befeuchten.

6 Olivenöl und Butter in einer Pfanne erhitzen und das Fleisch darin auf allen Seiten ca. 5 Minuten scharf anbraten. Hitze reduzieren und weitere 5 Minuten braten, dabei wenden. Danach 3 Minuten zugedeckt beiseite stellen.

7 Währenddessen die Frühlingszwiebeln kurz in kochendem Wasser blanchieren, herausnehmen und kalt abschrecken.

8 Den Rum zum Flambieren erwärmen. Auf vorgewärmten Tellern die gedünsteten Frühlingszwiebeln in der Mitte platzieren. Die Medaillons daraufsetzen, etwas Pflaumensauce darübergeben und mit den Pflaumenmatten bedecken. Zum Schluss die restlichen Korianderblätter und die Sojasauce auf den Filets verteilen. Den erwärmten Rum anzünden und über die Pflaumenmatten träufeln.

STECKRÜBENSALAT MIT CHILI - PFLAUMEN

Heimisches Gemüse in scharfer Begleitung

Steckrüben sind nicht nur für deftige Eintöpfe im Herbst oder Winter geschaffen. Sie sind zwar eigenwillig im Geschmack, aber von zarter Konsistenz. Mit etwas Chilischärfe und weicher Dörrpflaumenpaste gewürzt, ist dieser Salat ein leichtes, schönes Zwischengericht, das überraschend rund und harmonisch schmeckt.

ZUTATEN FÜR 4 PERSONEN

100 g Backpflaumen ohne Stein
2 rote Chilischoten
40 ml trockener Rotwein
30 ml Portwein
1 ½ EL Ahornsirup
1 EL Zitronensaft
500 g Steckrüben
2 EL Butter
1 l Gemüsebrühe
Salz
Pfeffer aus der Mühle
2-3 EL Olivenöl
evtl. ½ Bund frischer Koriander

MARINIERZEIT: 2–8 Stunden
ZUBEREITUNGSZEIT: 20 Minuten

1 Die Trockenpflaumen im Mixer zerkleinern oder mit dem Messer in kleine Würfel schneiden. 1 Chilischote waschen, putzen und mit den Kernen fein hacken. Rotwein, Portwein, 1 EL Ahornsirup, Zitronensaft und Chili aufkochen, die Pflaumen zugeben und ca. 3 Minuten kochen. Die Pflaumen 2–8 Stunden in dem Sud ziehen lassen.

2 Die Steckrüben waschen, schälen und in ca. 6 mm dicke Scheiben schneiden, mit einem Keksausstecher Formen ausstechen. Die Reste trocknen. Die Steckrübenscheiben in Butter schwenken, mit Brühe ablöschen und bissfest garen.

3 Die Pflaumen zerstampfen, sodass eine homogene Masse entsteht. Evtl. etwas Portwein und Wasser zum Verdünnen unterrühren. Mit dem restlichen Ahornsirup, Salz und Pfeffer abschmecken. Auf kleinster Flamme warm stellen.

4 Die 2. Chilischote halbieren, entkernen und in feine Streifen schneiden. Das Olivenöl leicht erwärmen. Die Gemüsescheiben aus der Brühe nehmen, auf vorgewärmten Tellern anrichten und mit dem Olivenöl beträufeln. Die Chili-Pflaumen darauf verteilen. Mit Chilistreifen oder Korianderblättern dekorieren.

STECKRÜBENSUPPE

Probieren Sie die Steckrüben auch püriert mit Gemüsebrühe. Mit etwas Sahne verfeinert und den Chili-Pflaumen als Einlage heizt die Suppe im Winter ordentlich ein.

PFLAUMEN-ROSMARIN-BONBONS

Nascherei mit würzigen Akzenten

Bonbons selbst herzustellen klingt nach viel Arbeit. Hier aber werden die Trockenpflaumen im Handumdrehen in ein herzhaft-süßes Naschwerk verwandelt – und zwar ohne Zucker. Denn durch den Trocknungsprozess entwickeln die Früchte eine natürliche Süße. Rosmarin, Chili und Portwein geben eine würzige Note.

ZUTATEN
2 TL Honig
150 g Backpflaumen
1 kleine getrocknete Chilischote
etwas Wasser
ca. 20 ml Portwein
1 TL frische Rosmarinnadeln

TROCKENZEIT: ca. 14–20 Stunden

1 Den Honig in einer Pfanne bei mittlerer Hitze erwärmen. Die Pflaumen klein schneiden, dazugeben und 5 Minuten darin wenden.

2 Die Chilischote im Mörser sehr fein mahlen und zu den Pflaumen geben. Mit etwas Wasser verdünnen und so lange kochen, bis die Pflaumen weich sind. Die Hitze reduzieren und mit Portwein ablöschen. Die Pfanne vom Feuer nehmen. Rosmarinnadeln hacken und unter die Pflaumen rühren.

3 Die Masse im Mixer pürieren und an-schließend auf einer Backmatte oder auf Backpapier ca. ½ cm dick glatt streichen.

4 Die Masse ca. 14–20 Stunden bei 70 °C im Backofen trocknen (dabei den Ofen einen Spalt offen lassen). Man kann sie auch 1–2 Tage auf die Heizung stellen oder an der Sonne trocknen. Wenn die Masse fest ist und sich von der Backmatte oder dem Papier lösen lässt, den Trockenvorgang abbrechen. Formen aus der Masse ausstechen, solange sie noch weich ist.

ÄPFEL

Die etwas andere Art, sie zu lagern

Es gibt Äpfel zwar das ganze Jahr über zu kaufen. Und man kann sie auch den Winter über im Keller aufbewahren – bis ihre Haut und das Fruchtfleisch an Spannung und an Geschmack verlieren. Man kann die Früchte aber auch zu leckerem Dörrobst verarbeiten. Vor allem frisch geerntet werden sie dann besonders wohlschmeckend und weich; und nicht nur die Qualität, sondern auch die Farbe, die beim Trocknen von bereits länger gelagertem Obst schnell dunkler wird, bleiben erhalten. Trocknen Sie die Äpfel in Scheiben geschnitten, pur ohne Zucker oder Zitronensaft, bei maximal 60 °C im Ofen – so lässt sich ihr Geschmack, ganz ohne Zusätze, am besten konservieren.

APFELBROT

Aromatischer Genuss für das Sonntagsfrühstück

Wenn Hefebrote am Sonntagmorgen im Ofen „wachsen" und einen verführerischen Duft verströmen, dann ist die Welt in Ordnung. Gebacken mit getrockneten Apfelstückchen entwickelt das Brot eine feine Süße. Begleitet von Thymian und Calvados erhält es einen zusätzlichen Aromakick.

ZUTATEN
350 ml naturreiner Apfelsaft
20 g frische Hefe
1 EL Zucker
150 g getrocknete Apfelscheiben
3 EL Calvados
1 ½ TL Thymianblättchen
500 g Mehl
1 gestr. EL Salz
Backpapier

ZUBEREITUNGSZEIT: 25 Minuten
RUHEZEIT: ca. 60 Minuten
BACKZEIT: ca. 35 Minuten

1 ⅓ des Apfelsaftes erwärmen. Die Hefe in den Saft krümeln und den Zucker hinzufügen. Den Saft so lange rühren, bis sich Hefe und Zucker aufgelöst haben.

2 Die Apfelscheiben mit einer Küchenschere klein schneiden und mit Calvados beträufeln. Die feuchten Apfelstückchen mit den Thymianblättchen bestreuen und beiseite stellen.

3 Das Mehl in eine Schüssel geben, eine Mulde hineindrücken. Salz auf den Mehlrand streuen. Den Saft-Zucker-Hefemix in die Mulde gießen und von der Mitte aus mit dem Mehl mischen. Den restlichen Apfelsaft erwärmen und nach und nach die Apfelstückchen hinzufügen. Alles zu einem geschmeidigen Teig verarbeiten, zu einer Kugel formen und zugedeckt an einem warmen Ort ca. 1 Stunde gehen lassen, bis sich das Volumen verdoppelt hat. Danach noch einmal kräftig durchkneten.

4 Den Backofen auf 230 °C vorheizen. Den Teig in 2 Portionen teilen und zu Brotlaiben formen. Auf ein mit Backpapier belegtes Blech setzen und ca. 35 Minuten backen. Anschließend auf einem Gitter auskühlen lassen.

DIE RICHTIGE KONSISTENZ

Der Feuchtigkeitsgehalt der Früchte bestimmt die Konsistenz des Teiges. Sollte der Teig zu feucht sein, einfach etwas mehr Mehl unterrühren.

APFELSALAT MIT TAFELSPITZ

Ein Klassiker raffiniert variiert

Tafelspitz: Das klingt nach feinem Essen und edlem Geschmack. Weit entfernt vom Klassiker, aber nicht weniger köstlich ist diese Komposition mit getrockneten Apfelscheiben, zartem Fenchel und hochwertigem Walnuss- und Kürbiskernöl.

ZUTATEN FÜR 4 PERSONEN

2 Zwiebeln
1 Bund Suppengrün
1 kg Tafelspitz
2 TL Liebstöckel
1 TL schwarze Pfefferkörner
1 Nelke
2 mittelgroße Knollen Fenchel
Salz
2–3 EL Rotweinessig
Zucker
frisch gestoßener Pfeffer
100 ml Rapsöl
50 g frischer Meerrettich
200 g getrocknete Apfelscheiben
2 EL Walnussöl
2 EL Kürbiskernöl

ZUBEREITUNGSZEIT: 45 Minuten
GARZEIT: 90 Minuten

1 Die Zwiebeln schälen und würfeln. Das Suppengrün putzen, waschen und klein schneiden. Mit dem Tafelspitz in 3 l Wasser zum Kochen bringen. Den dabei entstehenden Schaum abschöpfen. Liebstöckel, Pfefferkörner und Nelke hinzufügen. Alles zusammen 90 Minuten bei mäßiger Hitze leise köcheln lassen.

2 20 Minuten vor Ende der Garzeit den Fenchel putzen, waschen, in feine Streifen schneiden und im Dampfeinsatz oder im Topf in wenig Wasser knapp gar dünsten. Anschließend kalt abschrecken und beiseite stellen.

3 Das Fleisch aus der Brühe nehmen. Für die Salatsauce 3 EL Tafelspitzbrühe mit Rotweinessig, Zucker, gestoßenem Pfeffer und evtl. etwas Salz verrühren. Das Rapsöl mit dem Schneebesen unterschlagen.

4 Die Tafelspitzscheiben noch warm in dünne Streifen schneiden und vorsichtig mit dem Fenchel mischen. Die Salatsauce unterheben.

5 Den Meerrettich raspeln. Kurz vor dem Servieren die Apfelscheiben mit Kürbiskern- und Walnussöl und dem Fleisch mischen. Auf Tellern anrichten und mit Meerrettichraspeln bestreuen.

APFEL-FISCH-SUPPE

Mit gedörrten Äpfeln besonders lecker!

In dieser Suppe vereinigt sich der volle Geschmack süßlicher Dörräpfel mit dem kräftigen Aroma von geräuchertem Fisch. Eine spannende Liaison, die vom scharfen Meerrettich überwacht wird. Besonders aromatisch schmeckt sie, wenn man die gedünsteten Apfelstückchen einige Stunden im Schmorsud ziehen lässt.

ZUTATEN FÜR 4 PERSONEN

120 g getrocknete Apfelstücke
2 EL Butter
300 ml Apfelsaft
1 kleine Zwiebel
80 g frischer Meerrettich
3 EL Meerrettich aus dem Glas
100 ml Weißwein
700 ml Rinderbrühe
2 Lorbeerblätter
600 g Räucherfisch (Buttermakrele, Lachs oder Forelle)
10 ml Calvados
200 ml Sahne
Salz
1 Prise Cayennepfeffer

ZUBEREITUNGSZEIT: 45 Minuten

1 Die Apfelstücke grob zerkleinern und in 1 EL Butter andünsten. Mit Apfelsaft ablöschen, etwas köcheln lassen und zur Seite stellen.

2 Die Zwiebel häuten und würfeln. Den Meerrettich schälen, die Hälfte davon in kleine Stückchen schneiden und mit den Zwiebelwürfeln in 1 EL Butter anschwitzen. Die gedünsteten Apfelstückchen und den Meerrettich aus dem Glas hinzufügen. Mit Weißwein ablöschen und mit der Rinderbrühe auffüllen. Lorbeerblätter zugeben und 15 Minuten köcheln lassen.

3 Den Backofen auf 150 °C vorheizen. Den Räucherfisch in einer ofenfesten Form ca. 10 Minuten im Ofen erwärmen.

4 Die Suppe mit dem Stabmixer pürieren und durch ein grobes Sieb streichen. Die aufgefangene Brühe erhitzen und mit Calvados, Sahne, Salz und Cayennepfeffer abschmecken.

5 Suppentassen vorwärmen. Restlichen Meerrettich raspeln. Räucherfisch in mundgerechte Stücke schneiden und in die Suppentassen geben. Mit Suppe auffüllen und mit Meerrettichraspeln bestreuen. Sofort servieren.

APFELPESTO

Raffiniert und für viele Gelegenheiten

Ein vielseitiges Pesto: in Filoteig verpackt und im Ofen gebacken ein besonderer Snack. Als Brotaufstrich in Begleitung von Frischkäse eine sensationelle Abwechslung auf dem Frühstückstisch. Auf Butterkekse gesetzt und mit Apfel-Crunch bestreut ein schnelles Petit Four zum Espresso.

ZUTATEN

75 g getrocknete Apfelscheiben
20 g getrocknete Ingwerscheiben
2 TL Anissamen
1 TL Zimt
2 Äpfel
50 g Mandeln
1 Stück (ca. 2 cm) frischer Ingwer
2 EL Olivenöl
2–3 TL Walnussöl

ZUBEREITUNGSZEIT: 20 Minuten

1 Die Hälfte der getrockneten Apfelscheiben in der Kaffeemühle fein mahlen. Den Rest im Mörser grob zerkleinern.

2 Die getrockneten Ingwerscheiben in der Kaffeemühle mahlen. Die Anissamen im Mörser zerstoßen. Ingwerpulver, Anis und Zimt sorgfältig mit dem Apfelpulver mischen.

3 Die Äpfel vierteln, entkernen, würfeln und in einem kleinen Topf mit Wasser bedeckt 10 Minuten sprudelnd kochen. Anschließend die Äpfel passieren und den Saft auffangen. 150 ml Saft für das Pesto abmessen und abkühlen lassen.

4 Die Mandeln in der Pfanne rösten, danach im Mixer fein hacken. Den Ingwer schälen und reiben.

5 Den Saft langsam mit dem Apfel-Ingwer-Anis-Zimt-Pulver verrühren, bis eine homogene Masse entsteht. Gehackte Mandeln und geriebenen Ingwer unterheben und mit Olivenöl und Walnussöl verrühren. Das Pesto kühl stellen und mindestens 24 Stunden durchziehen lassen.

REIS-EIS IM APFELBLATT

Ein köstliches Dessert, ideal für Gäste

Sylt-Urlauber kennen und lieben die Spezialität der Insel: Milchreis mit roter Grütze oder Zimt und Zucker. Der ansonsten etwas aus der Mode gekommene Klassiker „Milchreis" präsentiert sich hier aber von einer ganz neuen raffinierten Seite: Als Risotto mit frischer Vanille gekocht und anschließend geeist.

ZUTATEN FÜR VIER PERSONEN

350 ml Vollmilch
20 g Butter
1 Vanilleschote
80 g Risottoreis
20 g Zucker
180 ml Weißwein

Für das Halbgefrorene

2 Eier
50 g extrafeiner Zucker
250 ml Sahne
1 Prise Salz
100 g getrocknete Birnenscheiben
50 g dunkle Schokolade (70 %)
70 g Walnüsse
2 Apfelblätter, ca. 15 x 30 cm (siehe Seite 19)

ZUBEREITUNGSZEIT: 45 Minuten
KÜHLZEIT: 3 Stunden

1 Die Milch erhitzen. In einem zweiten Topf die Butter erwärmen. Die Vanilleschote der Länge nach aufschneiden und das Mark herausschaben. Die Vanilleschote in die Milch legen. Vanillemark, Reis und Zucker in die zerlassene Butter geben und unter ständigem Rühren bei mittlerer Temperatur erhitzen. Mit Wein ablöschen und so lange weiterrühren, bis der Wein verdunstet ist. Die Milch nach und nach zugeben und unter Rühren ca. 15 Minuten leise köcheln lassen. Vom Herd nehmen und abkühlen lassen.

2 Die Eier trennen. Zucker und Eigelbe verrühren, bis sich der Zucker aufgelöst hat. Die Sahne steif schlagen.

3 Die Eiweiße mit Salz zu Eischnee schlagen. Geschlagene Sahne und Eischnee unter die Eigelb-Zucker-Mischung heben. Die getrockneten Birnenscheiben und die Schokolade zerkleinern und mit den Walnüssen und dem Milchreis ebenfalls unterheben.

4 Die Apfelblätter flach auf einer Backmatte oder Folie auslegen. Die Milchreismasse längs auf der Mitte verteilen, die Blätter aufrollen. Für ca. 3 Stunden in den Gefrierschrank stellen.
30 Minuten vor dem Servieren herausnehmen und in dicke Scheiben schneiden. Als Dekoration eignen sich Fruchtsauce, Schokolade, Apfel- oder Birnencrunch.

MILCHREIS SÜSSEN

Vor dem Einfrieren schmeckt der Milchreis sehr süß. Im kalten Zustand jedoch reduziert sich die Süße und hat genau das richtige Maß.

TARTE TATIN MIT GETROCKNETEN APFELMATTEN

Raffinierter Genuss für die Kaffeestunde

Eine Tarte Tatin auf dem Kuchenbuffet ist immer als Erstes „vergriffen". Mariniert in Obstbrand und überzogen mit Zucker-Karamell versprechen die hauchdünnen Apfelscheiben einen ganz besonderen Genuss. Ein bisschen Geduld und handwerkliches Geschick erfordert dieses Törtchen schon – aber die Arbeit lohnt sich!

ZUTATEN FÜR 4 PERSONEN

4 Apfelmatten (ca. 12 cm ø, siehe Seite 20)
1 Packung TK-Blätterteig (300 g)
Backpapier
1 Eigelb
50 ml Obstbrand oder Calvados
30 g Butter
1 EL Zucker
100 g Schmand
1 TL Vanillezucker
etwas Milch

ZUBEREITUNGSZEIT: 20 Minuten
BACKZEIT: 25 Minuten

1 Die Apfelmatten im Voraus trocknen, wie auf Seite 20 beschrieben. Für die Tartes ein kleines Maß wählen, dann kann man sie zum Essen auch in die Hand nehmen.

2 Den Ofen auf 220 °C vorheizen. Den Blätterteig aus der Packung nehmen, die Platten nebeneinanderlegen und auftauen lassen. Anschließend auf einer bemehlten Arbeitsfläche in der Größe der Apfelmatten dünn ausrollen.

3 Die Blätterteigränder etwas einrollen und andrücken. Den Boden mit der Gabel ganzflächig einstechen, die Ränder mit Eigelb bestreichen und im Ofen auf Backpapier ca. 15 Minuten backen. Danach auf einem Gitter auskühlen lassen.

4 Die Apfelmatten kurz unter heißes Wasser halten, abtropfen lassen und auf Tellern in Obstbrand oder Calvados großzügig marinieren.

5 In einer Pfanne mit dickem Boden die Butter erhitzen, Zucker dünn über die ganze Fläche streuen und karamellisieren lassen. Die Pfanne sofort vom Herd nehmen und eine Matte hineinlegen. Auf beiden Seiten im Karamell bräunen, dabei mit einer Zange vorsichtig wenden. Anschließend auf den vorbereiteten Teig legen.
VORSICHT: Die karamellisierten Apfelmatten sind sehr heiß!

6 Vor dem Karamellisieren der übrigen Matten die Pfanne reinigen. Zum Lösen der Karamellreste Wasser in die Pfanne füllen und so lange erhitzen, bis sich alle Zuckerreste aufgelöst haben. Wasser abgießen und die Pfanne mit einem feuchtem Tuch trocken reiben.

7 Kurz vor dem Servieren die Tartes auf ein mit Backpapier ausgelegtes Backblech setzen und ca. 10 Minuten bei 150 °C im Ofen erwärmen, bis der Karamell wieder weich ist. In der Zwischenzeit Schmand mit Vanillezucker und etwas Milch verrühren und je einen Klecks auf die Tartes geben.

KLEINE BRUNNENSTRASSE 1

Originelle Trockenfrucht-Kreationen vom Feinsten

Unweit meines Fotostudios im Herzen von Hamburg Ottensen liegt ein kleines, feines Restaurant. Wenn ich dort vorbeilaufe, bleibe ich immer stehen und lese die Tageskarte. Die saisonalen deutsch-mediterranen Gerichte machen Lust, sich im gemütlichen Gastraum oder im Sommer auch draußen ein Plätzchen zu suchen. Ich bin mit einem „Teppich“ aus getrockneten Apfelscheiben dort eingekehrt, um die Köche der „kleine brunnenstrasse 1“ um einen Vorschlag für eine kleine Vorspeisen-Variation zu bitten. Doch sie waren so begeistert von der Idee, dass daraus ein komplettes Menü entstanden ist – Köstlichkeiten, die sich auch zu Hause leicht zubereiten lassen.

kleine brunnenstrasse 1
Plat du Jour
Falscher Hase
mit
geschmelztem
Blumenkohl
und
Petersilien-
kartoffeln
€9,80

LEONARD WITZKE

Für mich ist es wichtig beim Kochen, dass ich damit Menschen eine sinnliche Freude machen kann. Wie zum Beispiel mit diesen getrockneten Apfelscheiben, die unerwartet stark im Geschmack sind und im Teig versteckt eine schöne Überraschung bieten.

APFELCRÊPE-ROULADE MIT RÄUCHERAAL

Gerollt und gekühlt ein herzhafter Sommersnack

ZUTATEN FÜR 4 PERSONEN

125 g Mehl
250 ml Milch
2–3 Eier
24–30 getrocknete Apfelscheiben
1 Kopfsalat
1 Glas Sahnemeerrettich
4 Räucheraal-Filets à 40 g
80 g rote Linsen
1 Bund Schnittlauch
Salz, Pfeffer
etwas Traubenkernöl
etwas weißer Balsamicoessig
60 g Zucker
2 Kolben Chicorée
1 Bund Dill

ZUBEREITUNGSZEIT: 60 Minuten

1 Für den Crêpeteig Mehl mit Milch und Eiern verrühren. Aus dem Teig in einer Teflon-Pfanne 4 kleine Crêpes backen, dabei die Pfanne nicht zu stark erhitzen. Die Crêpes zunächst auf einer Seite kurz backen, dann schnell mit den Apfelscheiben belegen, diese leicht andrücken und die Crêpes wenden. Ca. 20 Sekunden weiterbacken, aus der Pfanne nehmen, mit der Apfelseite nach unten legen und abkühlen lassen.

2 Den Kopfsalat putzen und waschen. Die Crêpes mit Sahnemeerrettich bestreichen, mit den Kopfsalatherzen und dem Räucheraal belegen. Dann vorsichtig, aber straff aufrollen. Mit der „Naht" nach unten bis zum Anrichten kalt stellen.

3 Die Linsen einige Minuten in kochendem Wasser blanchieren, anschließend kalt abschrecken. Schnittlauch in Röllchen schneiden. Linsen mit Salz, Pfeffer und Schnittlauch würzen. Mit Traubenkernöl und Balsamicoessig abschmecken.

4 In 2 Pfannen jeweils ca. 30 g Zucker karamellisieren lassen. Chicoréeblätter dazugeben und auf jeder Seite ca. 5 Sekunden braten. Die Pfannen vom Herd ziehen, Chicorée leicht salzen.

5 Die Chicoréeblätter auf Tellern arrangieren. Ein paar übrige Kopfsalatblätter in die Tellermitte legen. Die marinierten Linsen darüber verteilen. Die Roulade schräg halbieren und darauf anrichten. Mit Dillzweigen und etwas Sahnemeerrettich garnieren.

HOLGER SCHWEIZER

Jeden Tag mit guten Produkten arbeiten zu können, ist für mich der pure Luxus. Das Produkt ist der Star in der Küche. Hier ist es die eher deftige Blutwurst, mit der intensiven Apfelsüße und dem Jus fein abgestimmt – einfach ein Genuss!

SCHEITERHAUFEN VON ÄPFELN, KARTOFFELN UND GEBRATENER BLUTWURST

Deftiges fein aufeinandergeschichtet

ZUTATEN FÜR 4 PERSONEN

400 g Blutwurst
3 EL Olivenöl
600 g festkochende Kartoffeln
Butter
Salz, Pfeffer
1/2 Bund Majoran
30 g Zucker
200 ml Balsamicoessig
1/4 l Kalbsjus
80 g getrocknete Apfelringe

ZUBEREITUNGSZEIT: 40 Minuten

1 Pro Portion die Blutwurst in 3 Stücke schneiden und in einer Pfanne in etwas Olivenöl knusprig anbraten.

2 Die Kartoffeln schälen, in gleichmäßige Würfel schneiden und in Olivenöl langsam goldbraun braten. Zum Schluss etwas Butter zugeben, mit Salz, Pfeffer und Majoranblättchen würzen und die Kartoffeln in einem Sieb abtropfen lassen.

3 Für die Sauce Zucker leicht karamellisieren lassen, mit Balsamicoessig ablöschen, Jus angießen und etwa um ein Drittel reduzieren.

4 Die Blutwurst, die getrockneten Apfelringe und die Kartoffelwürfel schichtweise übereinanderlegen und mit der Sauce nappieren. Mit Majoranblättchen garnieren.

MICHAEL BISCHOFF

Am meisten Spaß macht es mir, aus ganz einfachen Produkten herrliche Gerichte zu kreieren und damit meine Gäste zu begeistern. Und mit getrockneten Früchten zu kochen, ist eine tolle Idee, sollte man öfters machen!

ZANDER UNTER APFELSCHUPPEN MIT COUSCOUS UND GETROCKNETEN FRÜCHTEN

Ein kräftiger Fisch in süßem Outfit

ZUTATEN FÜR 4 PERSONEN

4 Zanderfilets ohne Haut und Gräten à 160 g
Salz, Pfeffer
1 Ei
ca. 24 getrocknete Apfelscheiben
250 g Instant-Couscous
1 Zimtstange
1 Anisstern
250 g Trockenfrüchte (Bananen, Cranberrys, Pflaumen, Korinthen)
etwas Butter
etwas Kurkuma
etwas Garam Masala
Saft von 1 Zitrone
100–200 ml Gemüsebrühe
250 g Joghurt
1 TL Koriandersaat
2 EL Pflanzenöl
1 Bund Petersilie

ZUBEREITUNGSZEIT: 40 Minuten

1 Die Zanderfilets auf beiden Seiten salzen und pfeffern. Das Ei verquirlen. Die Bauchseite der Filets mit Ei bestreichen und mit Apfelscheiben belegen. Den Couscous mit Zimtstange und Anis nach Packungsanleitung kochen. Danach mit einer Gabel etwas auflockern.

2 Nebenbei die getrockneten Früchte in Butter anschwitzen und mit etwas Kurkuma und Garam Masala bestäuben. Zitronensaft und Couscous dazugeben. Gemüsebrühe angießen, mit Salz und Pfeffer abschmecken und alles langsam erhitzen.

3 Joghurt mit zerstoßenem Koriander und etwas Salz abschmecken.

4 Den Fisch zunächst auf der Apfelseite in Öl goldbraun braten. Nach dem Wenden in etwas Butter nachbraten.

5 Den Couscous auf Tellern mittig platzieren und den Zander auflegen. Mit gezupften Petersilienblättern garnieren und den Koriander-Joghurt um den Fisch verteilen.

ANDREAS STEINWANDT

Das Schönste am Kochen ist, zu erkennen, welche Aromen gut zusammenpassen, und sie dann zu einem harmonischen Ganzen zusammenzufügen. Hier sind es die getrockneten Apfelscheiben, die mit dem Parmaschinken eine ideale Kombination bilden.

PERLHUHN-APFEL-SALTIMBOCCA IN CALVADOS-SAUCE MIT PORREE UND KARTOFFELPÜREE

Zartes Geflügel im Italo-Look

ZUTATEN FÜR 4 PERSONEN
1 kg mehligkochende Kartoffeln
Salz
4 Perlhuhnbrüste à 150 g
Pfeffer
etwas Olivenöl
4 Scheiben Parmaschinken
8 getrocknete Apfelscheiben
½ Bund Salbei
etwas Calvados
¼ l Kalbsjus oder Brühe
80 g Butter
etwas Weißwein
¼–½ l Milch
Muskat
1 Stange Porree

ZUBEREITUNGSZEIT: 40 Minuten

1 Die Kartoffeln schälen, in Salzwasser kochen und warm halten.

2 Den Backofen auf 180 °C vorheizen. Die Perlhuhnbrüste leicht mit Pfeffer würzen und in Olivenöl auf beiden Seiten kurz anbraten. Schinkenscheiben auslegen, mit Apfelscheiben und Salbei belegen. Die Perlhuhnbrüste aus der Pfanne nehmen, darauflegen und im Backofen ca. 7 Minuten zu Ende garen.

3 Für die Sauce den Bratensatz in der Pfanne mit Calvados ablöschen, mit Kalbsjus oder Brühe angießen und mit etwas Butter einkochen. Mit Weißwein abschmecken.

4 Die Milch erhitzen. Aus Salzkartoffeln, Milch und etwas Butter ein Püree herstellen. Mit Muskat abschmecken. Den Porree in Scheiben schneiden und in etwas Butter braten.

5 Das Kartoffelpüree in der Tellermitte anrichten, Perlhuhnbrüste schräg halbieren und an das Püree setzen. Mit der Sauce umgießen. Mit gebratenen Porreescheiben und den übrigen Salbeiblättchen garnieren.

FRANK EVERS

Ich halte es mit Stefan Marquard, der mal gesagt hat: „So faul wie möglich und doch genial dabei sein." So macht mir Kochen Spaß! Wie zum Beispiel bei diesem Dessert, bei dem Frisches und Getrocknetes eine befruchtende Liaison eingegangen sind.

BUTTERMILCHCREME MIT ÄPFELN, MINZE UND AVOCADO-HONIG

Ein Apfeltürmchen – zum Umfallen gut

ZUTATEN FÜR 4 PERSONEN
3 Blatt Gelatine
350 ml Buttermilch
Saft und abgeriebene Schale von 2 unbehandelten Limetten
100 g Zucker
250 ml Schlagsahne
12 getrocknete Apfelscheiben
Saft von 1 Zitrone
1 TL Avocado-Honig
2 Holsteiner-Cox-Äpfel
50 g getrocknete Berberitzen
1 Bund frische Minze
50 g Pistazienkerne

ZUBEREITUNGSZEIT: 45 Minuten
KÜHLZEIT: 2 Stunden

1 Für die Buttermilchcreme die Gelatine in kaltem Wasser einweichen. Buttermilch in eine Metallschale geben und mit der abgeriebenen Limettenschale verrühren. Den Limettensaft in einen kleinen Stiltopf geben. Die eingeweichte Gelatine und den Zucker dazugeben und langsam erhitzen, dabei ständig rühren und nicht aufkochen lassen. Wenn alles aufgelöst ist, den Topf beiseite stellen.

2 Die Sahne steif schlagen und kalt stellen. Die leicht abgekühlte Gelatinemasse in die Buttermilch rühren; hier gilt: langsam gießen, schnell rühren. Die Buttermilchmasse kalt stellen. Wenn sie leicht zu gelieren beginnt, die Schlagsahne unterheben. In dekorative Gläser füllen; abdecken und mindestens 2 Stunden kalt stellen.

3 Für die Äpfel den Saft der Zitrone mit dem Avocado-Honig verrühren. Die Äpfel vierteln, das Kerngehäuse entfernen. Die Äpfel in dünne Scheiben schneiden, ausbreiten, mit den Berberitzen bestreuen und mit dem Honig-Zitronensaft beträufeln.

4 Die marinierten Apfelscheiben mit gezupften Minzeblättchen und obenauf mit 2–3 Scheiben getrockneten Äpfeln schichten. Die Buttermilchcreme evtl. mit etwas Fruchtmark (z.B. Heidelbeeren) begießen und zu den Apfeltürmchen stellen. Mit zerdrückten Pistazien und Minzeblättchen garnieren.

REGISTER

IMPRESSUM

Umschlaggestaltung von Elisabeth Herzel unter Verwendung von 4 Fotos von Sabine Hans

Mit 119 Farbfotos und 5 Schwarzweißfotos von Sabine Hans

Für die Unterstützung bei der Fotoproduktion bedanken wir uns bei der Firma ALLPAX Gmbh & Co. KG und bei der A. & J. Stöckli AG.
Der Firma Robert Bosch Hausgeräte GmbH danken wir für die Bereitstellung von Küchengeräten.
Frau Daniela Wolff www.beifussfrau.de danken wir für ihre Informationen zum Thema Kräuter und Blüten.

Weitere Informationen zum Trocknen bekommen Sie bei www.extradry-hamburg.de

Gedruckt auf chlorfrei gebleichtem Papier

ISBN 978-3-440-11444-5
Idee, Rezeptentwicklung, Foodstyling und Fotografie: Sabine Hans
Projektleitung: Dr. Eva Eckstein
Redaktion: Hildegard Möller
Gestaltung und Satz: Elisabeth Herzel
Produktion: Eva Schmidt
Printed in Germany / Imprimé en Allemagne

Das darf in keiner Küche fehlen!

Anne Rogge
Herbst-Winter-Gemüse
128 Seiten, 80 Abbildungen
€/D 16,95; €/A 17,50; sFr 31,30
ISBN 978-3-440-11614-2

Knackig-frisches Gemüse im Winter? Aber ja! Heimische Gemüsesorten wie Kürbis, Kohl und Co. tanken den ganzen Sommer über Sonne und liefern an kalten Tagen gesunde Vitamine, viel Geschmack und wohlige Wärme von innen. Anne Rogge hat diese Herbst- und Wintergenüsse appetitlich angerichtet, mit Wissenswertem zu den verschiedenen Gemüsesorten garniert und macht mit neuen, leckeren Rezepten Lust auf die kalte Jahreszeit.

Mary Hahn Küchenpraxis
Das Küchenlexikon
672 Seiten, ca. 1.000 Abbildungen
€/D 39,90; €/A 41,10; sFr 69,–
ISBN 978-3-440-10763-8

Von A wie Aal bis Z wie Zander, von arrosieren bis ziselieren – in mehr als 7000 Stichwörtern gibt dieses Lexikon Antwort auf alle Fragen zu Küchentechniken, Zutaten und Zubereitungsarten, Fachbegriffen, Ernährung, internationalen Speisen und Getränken. Viele Tipp- und Infokästen reichern das Wissenswerte mit interessantem Lesestoff und praxisbezogenen Zusatzinformationen an.
50 Featureseiten zu wichtigen Themen, Trends und Produkten runden das kulinarische Handbuch ab.